英国国教会とイギリス社会

武立　廣［著］

教友社

目次

第四章　自然と人間

第一章　英国国教会とイギリス社会

1　英国国教会の歴史

英国国教会の歴史的成立経過を知れば、現在のイギリス社会が見えてくるようである。キリスト教の中でもイギリスの場合は少し特異な事情を抱えている。国王または女王が英国国教会の最高指導者、すなわち「最高総督」としての役割を持っている。先進国七か国の中でも、国家元首がその国の最大宗教の首長であるという事例はない。二年前の二〇二二年九月に亡くなったエリザベス女王二世は、英国国教会の首長かつイギリスの女王として在位期間七〇年以上を誇り、英連邦王国一六か国の君主（国家元首）として世界中で愛され続けた。その英国国教会（アングリカン・チャーチ）のことを、私の手許にある『平凡社世界大百科事典第二版』を参考にして調べてみた。

「イギリスへのキリスト教伝道は初めアイルランドのケルト系宣教師によってなされたが、カンタベリーのアウグスティヌスの渡英（五九七）以降イギリスの教会はローマ教皇を頭《かしら》とする西方教会に組み込まれ、ノルマンディー公ウィリアムのイギリス征服（一〇六六）以後は、いっそう緊密な教皇庁との関係を維持していた。一五三四年、離婚問題をめぐって教皇と対立したヘンリー八世は国王至上法によってみずから英国国教会の最高首長となり、ローマとの関係を断ち切った。さらにメアリー一世の時代に一時ローマ教会に復帰した英国国教会は、エリザベス一世の登位によって、ふたたびローマより独立した国民教会として確立した。エリザベスの教会・国家体制はローマ教会員とピューリタンによって厳しく批判されたが、一六世紀末になるとフッカーが《教会政治理法論》（一五九四）を著し、神の法にも理性の法にももとらない英国国教会がその基礎を聖書と初代教会よりの伝統に置き、ローマ（カトリック）にも、ジュネーブ（プロテスタント）にも偏らない中道的立場に立つことを弁証した。安定したかに見えた国教会体制はスチュアート朝の登場によって危うくされ、一六四〇年、絶対王政と結びついた主教制と祈祷書は廃止されたが、六〇年王政復古とともに再確立し、ピューリタンは信従を拒否して非国教徒となり、八八年の名誉革命後は自由教会を形成した。イギリス国民の海外進出とともに始まるアングリカン・チャーチの海外伝道は福音宣教協会と教会宣教協会によって進められ世界各地で伝道に努めた。日本では一八五九年以降に宣教師を送り込んだ。三派あった宣教師は大阪で最初の総会を開き、日本聖公会をアングリカン・チャーチの一管区として組織して今日に至っている」とある。

いまや世界各地で英国国教会は合同教会の実現のために努力しているが、特に大切なことは、カトリックとプロテスタントの橋渡し的存在を英国国教会が果たすことに努めたことだろう。このことは、キリスト教の中でも中道（Via Media）的位置づけを常に保つことで、諸々の争いを避けながら妥協点を見つけ出すという大変穏やかな和平的役割を具体的に果たしていたのである。このような英国国教会の特徴を携えたイギリスは、政治的にも経済的にも国際社会での活躍の場を急速に拡げていき「大英帝国」を築き「英連邦王国」としてのコモンウェルス（公益を目的として組織された政治的コミュニティを意味する）を形成していったのである。

グローバリズム戦略の基本は、力で相手を制することではなく、穏やかに相手を受け入れながら話し合いすることで妥協点を見つけ出すことにある。まるで「正・反・合」の弁証論的論証の〝合〟の部分が英国国教会に相当しているように私には思える。このことは、現代社会のビジネスの場面においても同様のことがいえて、お互いがウィンウィンの関係を築いて初めて商談は成立するものである。私が長年サラリーマン生活を過ごしてきて数多く経験したことである。イギリスは大英帝国やコモンウェルスを国際社会で形成してきた過程においても、英国国教会の存在意義を十分に弁えてその成果を大いに発揮してきた国だと言えよう。

英国国教会を理解することは、キリスト教全体の多様な伝統や実践、歴史的背景、そして現代社会における宗教の役割をより深く認識するために極めて有用である。なぜならば、英国国境会が宗教分野にとどまらず、政治・経済・芸術・諸文化……とあらゆる分野にまたがって国際社会に影響を与えながら重要な役割を果たしてきたからである。つまり政治的安定の基盤を築き、社会の統合と発展に寄与し、また帝国主義時代の植民地支配をも宗教的側面から確り支えたのである。今日のイギリスの社会構造や国際的な関係においても、その影響は依然として強く感じられる。英国国教会無くして今日のイギリスを語れないと言われる理由をもう少し詳しく述べることにする。さらに二〇二〇年二月のブレグジット（ＥＵ離脱）を経たイギリスが、国際紛争の勃発や、人工知能（ＡＩ）などが出現する「混迷かつ不確実な世界」の動きの中でいかに重要な位置づけが期待され得るかということについて第三章で述べる。そこにも英国国教会のゆるぎない存在意義が、我々の心の中の通奏低音の如く鳴り響いていることがよくわかるのである。

2　英国国教会の海外伝道「聖公会」のこと

前節で述べたように、ヘンリー八世の離婚問題に端を発して一六世紀に西方教会から独立した英国国教会は、単にイギリスの教会としてではなく、世界的規模のアングリカン・チャーチに発展し、いまや世界各地で合同教会の実現のために努力している。日本では「聖公会」として広く知られており、ミッションスクールとして立教大学や桃山学院大学等々、幼稚園から大学まであらゆるレベルでの教育機関が数多くある。そして私が一番注目するのは、それらの大学に、経済学部はじめ宗教学以外の学部を併設していることである。単なる学問教育に留まらず、全人的な教育を目指していることの現れである。例えば経済学部では、現代社会におけるグローバリズムが浸透した世界の経済活動の理解や分析を通じて、学生に広範な世界的視野と批判的思考を促している。より良い社会の構築に貢献できるような世界観を携えた社会人を世に送り出しているのである。

それにつけても先に触れたように、英国国教会が宗教改革というプロテスタントの伝統を持ちながらも、カトリック教会との間にも影響を受けた歴史を持っているからだろうが、英国国教会は他のキリスト教会との対話や協力運動（エキュメニカル運動）に積極的な役割を果たしている。またキリスト教内に留まらず、イスラム教やユダヤ教などの他の宗教とも対話を通じて相互理解を深めることに努めているニュースにたびたび接する。

その背景にはイギリスが産業革命発祥の地としての政治・経済面の国力を背景にして世界各地に植民地を築く過程で、英国国教会の信仰を持つ人々を植民地に送り込んで、現地の人々にキリスト教を広く伝道したことがあったのである。それと同時に植民地内で教育施設を設立し、現地の人々に教育を提供しては、キリスト教の教義や文化が伝えられて地域社会に浸透させたことからもよくわかるのである。

以上のような方法を通じて、アングリカン・チャーチの海外伝道は広まりイギリスの文化や価値観が植民地の地域社会や近隣各国にも影響を与え、キリスト教の信仰も全世界的に広まったといえる。その際重要なことは、これら目に見える宣教活動の底辺には、ヨットのアンカーのようにずしりとイギリス人の心の支えとなったものが存在していたことである。第四章で、そのアンカーなるものを詳しく述べることにする。

3 英国国教会がイギリス社会へ与えた影響

このように、英国国教会の海外伝道が積極的になされた時代的背景には、産業革命の発祥地としてのイギリス自体の国力とグローバリズム戦略がうまくかみ合ったことを知ることが大切なことだろう。国力とは経済力のみならず、国民の資質や素養が合わせ加わった総合力のことである。例えば大英帝国は一九〇〇年代初め、世界の地上面積のおよそ四〇%、人口にして四～五億人を支配していたが、そこではイギリス国民が有する高い文化的素養が大きな力となったことを知ることができる。自国内の統治もおぼつかない状態で、海外進出を企てたり、核の力を掲げたりする国が多い中で、真の国力の意義が見直される必要があるのだろう。イギリスは自国の文化や教育レベルの向上に努めた結果、国民の知的水準（民度）を高めて海外に進出していった国である。軍事力や経済力に頼るグローバリズムほど危ういものはない。経済力と民度が相まって、イギリスは国際的評価を高めていったのである。

その大英帝国の形成とは、エリザベス一世（一五五八～一六〇三）の時代に植民地活動を本格化させたことである。その後も拡大を続け、ヴィクトリア女王（一八三七～一九〇一）の時代に世界最大の大英帝国に成長した。それにつけてもイギリスは、エリザベス一世・ヴィクトリア女王・エリザベス二世（一九五二～二〇二二）と、特に女王治世下に長年にわたる繁栄を誇った国である。経済活動に関していえば、動力革命（大量生産革命）と言われた一八世紀の産業革命の推進力は、イギリス人J・ワットらによる蒸気機関の発明によるものだった。重工業生産の飛躍的拡大や労働力確保のための「都市化」をもたらした。都市化が抱える問題については後に詳しく述べるが、英国国教会はイギリスの教育や文化の面においてイギリス国民の間では重要な役割を果たした。その中で多くの教会が建てられて国民の精神的支柱となったのである。英国国教会がイギリスのグローバルな力を発揮する土壌を築く上で大きな力となったと言えよう。

特に倫理的な指針と価値観の提供をした点で、その影響は大きかった。国民は個人の責任、他者への配慮、公共の利益への貢献など、社会的責任を重視する傾向がある。このことは文化の向上に寄与し、社会の協調性や共感性を促進したといえる。また文化的な統合とアイデンティティーの形成を携えて、国際舞台での主導権も掌握していった。

以上のように、英国国教会がイギリス社会に与えた影響の具体例の枚挙には暇がない。総じていえることは、国の競争性や効率性を高めるには、国民の民度としての人間性や文化的側面の充実を図ることが必要不可欠であることがわかる。

4　英国国教会に宿る「穏やかな寛容性」

4.1　生まれた経緯

ここまでは英国国教会が国内外社会に対しての宣教活動と、その及ぼしたな影響を多方面から考察してきた。英国国教会の設立により、国全体で統一された宗教的アイデンティティーが確立されたことは明らかである。国民が共通の信仰と礼拝の形式を共有することで、国全体の一体感を堅固なものにした。

次に国教会が示した具体的な反応についてもう少し詳しく見てみたい。精神文化としてのイギリス人の物事の考え方や気質の現れ方である。宗教と社会の関係を双方向的に眺めるのが本章の目的の一つであるが、国民の精神的アンカー、例えていうならばヨットが嵐で転覆しないように船底に確りと取り付けてある錘《おもり》のようなものがある。私は、それは神がイギリス人に対して示された「穏やかな寛容性」だと思う。次章で述べる「イギリス一〇〇〇日体験」にも記したように、これはイギリス人と毎日暮らしていてあらゆる場面で常に感じることができた。イギリス人が身に付けているものの代表的な気質ともいえよう。つまり相手を尊敬する対象として認めることから始まって、相手の意見に対して寛容性を持って聞き入れる。その上で穏やかに自分の意見を話し始める姿勢には、こちらの方が参ってしまうのである。決して好戦的な姿勢を見せないで終始穏やかで、その丁重な姿は英国紳士淑女の最大特徴でもある。とにかく一緒に暮らして、彼らの穏やかさにこちらが気持ちよくなるから不思議である。

そういえば、「gentleman」という言葉は、古フランス語の「gentil」（意味は「高貴な」、「優雅な」）に由来すると聞く。さらに中世からルネッサンス期にかけて、特に社会的な地位が高いかつ広い土地を所有する階級の男性を指すために使われ、貴族や上流階級の男性を示す言葉となった。そして時代が進むにつれて、「gentleman」という言葉の意味が徐々に変化し、単に社会的地位だけでなく、品位や礼儀、倫理的な行動を示す言葉としても使われるようになったそうである。私見であるが、ジェントルマンを生んだのは広い土地持ちであるというのは、人間の意識が詰まった都市化された土地ではなくまさしく「自然あふれた田舎の土地」であって、自然そのものが持つ根源的なパワーの影響を受けたら、自ずと穏やかで寛容性のある人間が持っている力に相通じるものを強く感じるのは私だけではないだろう。人間の意識が行きわたった都市化社会からはまず得られがたいものである。それゆえ、人間は、自然の力を感覚を通して自分にインプットしてジェントルマンになるのである。それゆえ、未来を担う子供たちを自然の中で育てることが求められるのである。深夜に塾から帰る子供たちを見かける東京に暮らして痛切に感じたことである。彼らは決して穏やかな寛容性に満ちたジェントルマンにはなれないことを断言しておく。

元々人間には個人主義的な自己主張が備わっていて「自分の壁」を築いてしまいがちである。そこに相手の考えを尊重して穏やかに受け入れるという「寛容性」を備えることによって初めて組織の一員としての社会性が生まれるのである。現生人類のホモサピエンスが、体力的には勝っていたネアンデルタール人を制して今日まで生き残ったのも、相手に対する寛容性が備わっていたからだと私は個人的に思っている。ホモサピエンスとは、ホモが人間、サピエンスが知恵のあるという意味で「賢い人間」という意味であるが、モノを造る賢さと同時に穏やかな寛容性を持って相手に接する賢さが元々あったのだろう。相手を威圧する力ばかりでなく、相手を受け入れながら共生していく道を探る知恵の存在がこの地球上を生き延びる上で大変重要なことだったことは現代にも通じることではないだろうか。

一般的にイギリス人の特徴の一つと言われている「個人主義の重視」と、一見異にする相手を許し認める「穏やかな寛容性」であるが、イギリス人が海外進出できたのも、このような相手に対する穏やかな寛容性が裏付けにあったからだろう。それは「君臨すれど統治せず」という外交方針にも現れている。広くは多様性を認め合うという言葉にまとめられようが、相手の意見を聞かないで自分の壁を築くだけでは、人生の意味さえ見つからない。

「相手に対する穏やかな寛容性」がないばかりに、武力に訴えてしまうのが戦争である。「人生の意味は、自分の中では終わらない。相手との関係性によって完成する」（ヴィクトール・フランクル）の言葉を、私はイギリス滞在中に幾度も感じることができた。

4.2 王冠を賭けた恋

ところで、英国国教会の首長が国王であることはすでに述べたが、国王とて所詮人間である。その日常生活や慣習が英国社会において重要な役割を果たしてきたことは明らかである。その中でも英国王室の結婚と離婚の問題を一例としてとりあげて、個人主義と社会の寛容性との絶妙な融合の姿を眺めてみたい。元を辿ればヘンリー八世の英国国教会の設立にも、男系後継者選びの目的が一つにあったのである（ヘンリー八世は最初の妻であるカタリナ・オブ・アラゴンとの間に男児を得ることができず、唯一の生存する子供であるメアリー一世は女性であった。当時の英国では、男系後継者が王位継承において重要視されており、王国の安定と継続を確保するためにヘンリー八世は男児を強く望んでいた。そこで、ヘンリー八世はカタリナとの結婚を無効にしてアン・ブーリンと結婚しようと考え離婚を認めなかったローマ教皇クレメンス七世に反対し自らをイングランド教会の最高首長とすることでローマ教皇の権威から独立した。自らの結婚を無効にして再婚する権利を得ることを目的に、一五三四年に「至上法」を制定してイングランド国教会が設立されたのである。この行動により、ヘンリー八世はアン・ブーリンと結婚し、後のエリザベス一世をもうけた。しかし、アン・ブーリンとの間でも男児は生まれず、最終的にはジェーン・シーモアとの間に望んだ男児であるエドワード六世が生まれた。ただ彼は病弱で一五四七年に弱冠九歳で国王に即位したにもかかわらず一五歳で病没した。このように男系後継者を得るための結婚問題が、ヘンリー八世によるイングランド国教会設立の大きな動機の一つとしてあったのである）。

このように男系お世継ぎ問題を抱えた英国国教会の設立だったが、そのおよそ四〇〇年後に王室の結婚問題が大きくクローズアップした。ただ後継問題というより恋愛問題が引き金になって現れた。それはエドワード八世（在位一九三六年一月〜同一二月の三二五日間で戴冠はしなかった）の、米人ウォリス・シンプソン夫人との「王冠を賭けた恋」である。国王である前に一人の男性であり自分の心のままに従うとしてシンプソン夫人を選んで国王を自ら退位した。このエドワード八世の「王冠を掛けた恋」という出来事は、イギリスの社会における個人主義の価値観がどのように影響を与え「国民の寛容性」が関わっていたかということを考察する上で興味深い事例と言えよう。

そもそも英国国教会は先に述べたように、歴史的にある程度の信仰の自由を保持してきて、その教義は比較的穏健であり、時に柔軟な対応を信者に対して見せてきた。英国国教会がプロテスタントの一派であるにも関わらず、カトリック教会との共通点を多く持っている点や、広範囲にわたる神学的視野を許容する点が、一般的なイギリス社会の寛容さを促進することにもつながったと思われる。

特に、王室の結婚や離婚問題が公になることは仕方のないことではあるが、国教会は時に公式な教義を守りつつ、人々の個々の状況に対する理解や寛容な対応を柔軟に示した。例えば、過去に離婚歴がある人物との再婚を認めて、王室メンバーの特殊な事情に対応する方法を見つけるなど、変化する社会の価値観に合わせて教会法を柔軟に改変し適用されたのである。

英国国教会のこのような対応は、英国社会全体においても「あってはならないことを、あったら仕方ないこととしてまず受け止める」という寛容な態度を社会に拡げる助けとなっている。社会のモラルや倫理における基準は宗教から派生する面があって、教会が示す柔軟性が社会全体の価値観や対応に反映された一例である。

エドワード八世の王位放棄は、「あってはならないこと」として英国王室近代史においても大変深刻に受け止められた。しかしそのことを、「起きたことは仕方ない」と受け入れ、たとえ王室とて個人主義に基づく一人の人間の人生の選択と生き方を貫くことを重視したのである。日本の皇室でも似たような事例があったが、皇室とて個人の尊厳があり穏やかな寛容性で静かに認めるというわけにはいかなかったようだ。その後結婚した二人は主にフランスで生活し、公式の王室の役割からは離れた生活を送ったものの、幸せな人生を送ったと伝えられている。国民も二人の愛を見届けながら、英国国教会の底辺に流れる「寛容性」を穏やかに発揮したのである。イギリス社会の懐の深さを私は感じるのである。

なお、なおこの「王冠を掛けた恋」が、結果としてジョージ六世（一九三六～一九五二、エドワード八世の弟でエリザベス二世の父）の突然の死によって七〇年（一九五二～二〇二二）の長きにわたって第二次世界大戦後の安定したイギリスを支え続けたエリザベス女王二世の出現につながる。彼女の家族である王室内には、人間的かつスキャンダラスなこともいろいろあったが、イギリス史上最高齢かつ最長在位期間を女王は見事に務め上げた。

女王自らも「穏やかな寛容性」を身に付けて、国内外の繁栄に大きく貢献したと言えよう。

4．3　チャールズ皇太子の結婚と再婚

もう一点最近の話題で、ＳＮＳ社会の進展やマスコミの公開性が広まった流れの中で世界中の話題になったことがある。チャールズ皇太子（現チャールズ三世国王）の結婚・離婚・再婚問題にかかわる国教会とイギリス国民が示した寛容性について私見を述べたい。王冠を賭けた恋に関しては、ＳＮＳ社会が未だ発達していない、ある意味王室内のこととして国民はその事情を深く知ることはなかったが、ダイアナ妃に関することは誰もが自分の問題のように感じて

世界中の老若男女の注目が集まった。まるで芸能人並みに扱われたのは、オードリ・ヘップバーン演じる「ローマの恋」と同じであるが、映画の方は大変巧みに王女の恋物語を納めていたのが印象的で私も幾度も観て楽しんだ。SNS社会のマスコミは王室内の恋愛感情も芸能人の如く扱って虚実織り交ぜて報道するものである。そしてチャールズ三世の問題もイギリス国民の間では常にある種の寛容性を持って穏やかに受け入れられていると思われる。皇室の公開という点では、その内容や是非は別として、イギリスは日本より先進国と言えそうだ。

総じていえることは、英国国教会の教義が、比較的穏健であり、時には王室や国民の非倫理的な動きに対してまでも柔軟な対応を見せる。それは英国国教会がプロテスタントの一派であるにも関わらず、カトリック教会との共通点を多く持っている点や、広範囲にわたる神学的視野を許容する点が、一般的な社会の寛容さを促進する要因とされるのだろう。

このように過去に離婚歴がある人物との再婚を認めたり、王室メンバーの個人主義的尊厳を重視する行動に国教会は柔軟に対応する方法を柔軟に見つけだす。カトリックにもプロテスタントにもない寛容的な存在感が英国国教会にはあるようだ。

英国国教会のこのような対応は、英国社会全体が「あってはならないことを、あったことは仕方がない」という、ある意味で博物的ともいえる穏やかな寛容性で物事を受け入れるのだろう。つまり、社会全体のモラルや倫理における基準が宗教から穏やかに派生して示されて国民も自然に動いて暮らしているように私には思える。私自身が、相手の主張を受け入れながら寛容性のある態度を示すイギリス人の中で二年半ほど暮らした経験が、帰国する時には、イギリスは住みやすい、もう少し暮らし続けたいと感じるようになった要因の一つのように思える。第二章の「イギリス一〇〇〇日体験記」で詳しく述べるが、私をしてすっかりイギリス贔屓にしてしまったのと同時にその後の私の人生の歩み方にも大きな影響を受けることとなった。

　このようにイギリス人が、王室の結婚や離婚だけでなく自らの日常生活においても、伝統的な価値観と現代のリアリティのバランスを巧みに持ち続けることができるのは、包括的で柔軟な「対応文化」がイギリス社会で培われてきたからだろう。そしてその対応文化の底辺にはヘンリー八世に始まる英国国教会の影響による「穏やかな寛容性」と「個人主義の重視」がバランスよく組み込まれているように私には見受けられる。

5　宗教的寛容性と多様性の尊重

　ところで、英国国教会の宗教的寛容性がイギリス社会において多文化主義や多様性の尊重にも影響を与えていることにもう少し言及しよう。例えば他宗教や宗派に対して極めて寛容であり、これがイギリスの多文化社会形成に寄与しているからである。この寛容性は、国教会が他の宗教コミュニティと協力し、共通の社会問題に取り組む姿勢にも現れている。詳しくは第三章「イギリス人の底力」に譲るが、その典型的な例として二〇二二年首相に就任したのは、かつてイギリスが植民地化していたインド人のヒンズー教徒リシ・スナク氏である（当然スナク氏は、インドと中国の国際関係から推察するに反中国的政策をとるだろう。徴兵制などを打ち出して七月四日の解散総選挙に打って出た与党保守党のスナク氏に勝算はあるのだろうか……？　非常に悲観的であるが、保守党はもう少し時代の流れのスパンを拡げて、これからのイギリスを見つめていると個人的には感じている）。

ことごと左様に英国国教会は、道徳や倫理に関する教えを通じて、イギリス人の価値観や行動に影響を与えている。つまり、個人の宗教的実践やスピリチュアリティにも影響を与えているのである。イギリス人の多くは定期的な礼拝に参加するわけではないものの、重要な人生の節目（洗礼、結婚、葬儀など）には必ず教会の儀式を利用する。重要なイベントを教会で行うことで、宗教的な意義を感じ、スピリチュアルなつながりを深めているのだろう。

このように英国国教会の「穏やかな寛容性」は先に述べたように、イギリス社会に深く根付いており、宗教的寛容性、社会福祉、教育、国家行事、個人のスピリチュアリティなど、さまざまな側面において具体的な影響を与えている。

なおよく語られるノブレス・オブリージュ（仏語で高い社会的地位には義務が伴う意）との関係でいえば、英国国教会の「穏やかな寛容性」は、社会的責任感、道徳的リーダーシップ、社会の調和と統合、慈善活動といった共通の理念を持っていると言えよう。両者は、特権や地位を持つ者が社会全体に対して果たすべき役割を強調し、他者への配慮と支援を通じて社会の安定と発展に寄与する点で密接に関連しているのである。

手許にある資料によれば、イギリスにおける戦争犠牲者（特に第一次世界大戦と第二次世界大戦）の中に多くの貴族階級の死者が含まれているという。彼らの社会的責任感とリーダーシップの発揮には、英国国教会とそこに流れる国民の気質が背景に横たわっていると思われる。

6　弁証法的英国国教会論

私はカトリックとプロテスタントから生まれた英国国教会のあり方を考える上で、弁証法の「正・反・合」の考え方が大変類似しているように思うので、最後に第一章のまとめとして、弁証法的に英国国教会を論じてみたい。

弁証法自体は元々哲学の用語である。ヘーゲルによって定式化されたのも、理論や事物の変化と発展の過程を、本質的に理解するための方法や原則と理解されると同時に、ほとんどが常識化されて無造作に用いられるようになっているので、ここでも同じレベルで使わせていただく。つまり縷々述べた通り、英国国教会は、カトリックとプロテスタントの要素を組み合わせた独自の宗教体制を持って始まり今日に至っている。したがって多少なりとも乱暴かもしれないが、この過程をヘーゲルの弁証法の「正・反・合」と比較することは、あくまでも私の持論としてお話しさせていただく。

そもそもヘーゲルの弁証法は、以下のような三つの段階で進行する。

一．正（テーゼ）論として、ある主張や状態が最初に存在する。

二．反（アンチテーゼ）論として、正論の主張に対する反対や対立する主張が現れる。

三．合（ジンテーゼ）正と反の対立を統合し、より高次の理解や状態の合を形成する。

正（テーゼ）とは、カトリックの伝統的普遍性を象徴する「ローマ・カトリック教会」のことで、実際ヘンリー八世の時代までイギリスはカトリック教会の影響下にあった。この時期の教会は、ローマ教皇の権威を正しいものとして受け入れ、カトリックの教義や儀式を実践していたのである。次に反（アンチテーゼ）とは、ヨーロッパ大陸で、ルターやカルバンが主張した「プロテスタント」の考えとして反論改革が生じた。さらに合（ジンテーゼ）として、イギリス国教会の成立とその後の汎キリスト教的活動として両論の良いところを取り入れながら新たな合意が形成され成立するのである。

つまり、イングランド国教会の成立は、ヨーロッパ大陸でのプロテスタント改革と相互に影響し合いながらもキリスト教全体の改革を進めたのである。つまり大陸での宗教改革の波が、イングランドにおけるカトリック教会からの独立運動を刺激し、これがイングランド国教会の設立へとつながったといえる、さらに結果として、ヨーロッパ全土で宗教的、政治的な地殻変動が引き起こされていったと私は理解している。つまりヘンリー八世による宗教改革は、ローマ教皇からの独立を目指し、教会の改革を推進して、英国国教会は教皇の権威を否定し、聖書の権威を強調するプロテスタントの要素を取り入れたとするのが正しい理解かもしれないが、縷々述べた通り英国国教会の良さを維持しながらも、カトリックとプロテスタントの橋渡し的な役割を立派に果たしてきたと考える。例えばエリザベス一世の時代には、さらなるプロテスタント化が進み、ラテン語ではなく英語での礼拝が一般化し、聖職者の結婚も認められるようになったのである。

まとめれば、英国国教会の確立は、合の立場をとりながら上手く英国国教会を世界に広めていったのである。その一つが先述した聖公会の名前で日本の若者への教育に積極的に取り組んでいると理解している。

このように、英国国教会はカトリックとプロテスタントの要素を統合し、独自の宗教体制を築き上げた。まさにジンテーゼを巧みに実行したのである。教義と儀式はカトリックの伝統を残しつつも、教会の統治や礼拝の形式においてはプロテスタントの影響を強く受けていることからもわかる。例えば、司教制度や聖職者の衣装はカトリック的、礼拝の言語や教義の一部はプロテスタントの影響を受けていると聞く。

英国国教会の形成過程は、カトリックからプロテスタントへの移行、そして両者を統合した形での新しい教会の確立という意味で、ヘーゲルの弁証法における正・反・合のプロセスと類似していると思う。正（カトリック）、反（プロテスタント）、合（英国国教会）という三段階を経て、対立する要素を取り入れつつ新たな統合体を生み出した点で、弁証法的な展開を成し遂げてきたと言えよう。

7　まとめ

ここまで英国国教会の「穏やかな寛容性」が現れた例として近現代の王室の結婚・離婚・再婚等々に対する国民の反応を挙げた。同時に英国国教会の成立とその後の活動における「正・

反・合」のような弁証法的プロセスは、歴史を通じてイギリス社会に大きな影響を与えてきたことがわかる。そして二一世紀にも、イギリス人のみならず国際的にも英国国教会の影響が及び続けることが想像できる。具体的には私も体験した以下の三点にまとめられよう。

7．1　社会的役割の変化

英国国教会は依然としてイギリス社会の重要な部分を占めているが、その役割は大きく変化していくだろう。すなわち伝統的な宗教儀式や礼拝だけでなく、社会的・文化的イベントやコミュニティ活動においても重要な役割を果たしていくだろう。私が退職後にイギリスの教会を中心に車で巡った時に、至るところで地域住民によるクラシック、ジャズ、ビートルズ……その他の演奏活動に数多く遭遇した。日曜日などは必ずどこかの教会で演奏会が開かれていた。教会の造りは音響的にも素晴らしくて、老若男女の演奏する姿をみて思わず長居してしまった。地域社会の文化活動支援や慈善活動を通してより大きな社会的役割を果たしていくことだろう。

7．2　多様性と包容性の強化

現代の英国国教会は、過去の宗教的対立から学び、多様性と包容性そして寛容性を重視している。女性の聖職者任命やＬＧＢＴＱ＋コミュニティへの支持など、包括的な姿勢を示している。これは、社会全体の多様化と価値観の変化に柔軟に対応するためのものであり、教会が現代社会に適応するための重要なステップとなっているように思う。

7．3　信仰の個人化と世俗化

二一世紀のイギリスでは、宗教の個人化と世俗化が進んでいくだろう。多くの人々が伝統的な宗教よりも個人的な信仰を重視するようになり、教会の出席率も減少しているそうだ。しかし出産、結婚、葬儀……と人生の節目には、近くの教会を多く利用する。人間お互いが自然の一部であることを認識して、神のもとで人生の節目の行事を執り行いたく思うのであろう。私も何度も、結婚時のライスシャワーに参加させていただいた。帰国後も、あの時の二人は今頃どうしているだろう、幸せに暮らしているだろう……と思い起こすことがある。そんな時はいつも幸せな気分になるものである。これらは英国国教会が持つ包容性に起因するものではないだろうか。宗派を問わず神のもとで、神も子である自分の人生の行事を行うことは、大変良いことである。このような場面にも、英国国教会が重要な役割を果たし続けていくことを確信している。英国国教会は、イギリス社会と国民の文化的アイデンティティーの一部として残り続けるに違いない。

第二章　イギリス一〇〇〇日体験記

はじめに

第二章では、私がイギリスに本社を置く外資系製薬会社の日本法人社員として駐在した約二年半（一九九一〜一九九三）の体験談二七話をまとめてご紹介する。これらは、帰国後に医薬品業界某誌に連載したものなので、基本的には修正を加えず当時のまま載せることにする。時間を経て今読みかえせば、修正加筆すべき点が少なからずあるが、文明こそ変われど、イギリス人が持ち続けている気質や文化はそれほど大きく変わるものではない。精神的側面からみたイギリス人の心に流れるものは、長年のイギリスの歴史に培われてきた伝統的文化として色あせることなく残っている。

つまり第一章で述べた英国国教会が内包する「穏やかな寛容性」、次章の第三章で述べるイ

ギリス人の底力である「ネガティブ・ケイパビリティ」、そして第四章で述べる「自然と共生するライフスタイル」が彼らの日常生活に潜在的に関わっており、私が滞在した二〇世紀末の一九九〇年代のイギリス人の暮らしぶりや気質を二七話からこれら三点を感じていただければと思う。

ただ今回出版するにあたり最終章として、「二〇世紀末のイギリス駐在から得た洞察」を新たに書き加えた。その理由は、私が日本法人社員としてイギリスの本社に勤務した際に、仕事を通して一番印象に残ったことであると同時に、二一世紀の企業経営や国の経済活動のあり方を広範囲にわたって示唆する内容だったからである。

つまり、企業が、ＧＤＰ拡大などの経済的側面の成果を図ると同時に、社会的／公共的側面における責任をしっかり果たすことがいかに大切であるか、滞在中に職場の上司から確りたたき込まれた。二一世紀に入って、自然環境問題が噴出しSDGsが叫ばれる中で、企業の社会的責任の担い方が具体的にどのように実行されるのかがこれからますます問われていくことになると思っている。一言でいえば、自然環境保護はじめCSR（企業の社会的責任）を十分に果たせない経営は、二一世紀の生き残り企業として継続存続することができないと言っても過言ではないだろう。最終章には私が編集した「経営の経済性と公共性の相関図」を添付したので参照しながら本文を読んでいただければありがたい。

ところで第一話に添付した写真は、会社近くのテームズ川沿いのパブの一角で職場の仲間と一献会を催した時の様子である。当時四三歳の日本人サラリーマンが初めてイギリスで一人住まいを始めた当初は、毎日カルチャーショックの連続であった。それでも職場のイギリス紳士・淑女たちは、実に穏やかな寛容性を携えて、私に接してくれた。彼らは自宅に私を招いてくれたり、自然豊かなロンドン郊外にたびたび連れ出してくれた。そこではイギリス人がごく日常的に自然と共生している姿をみることができた。彼らの精神的な拠り所が、意識でコントロールできない「感覚世界の自然」にあることを、およそ一〇〇〇日間にわたりいつも学ぶことができたのである。

まさに「百聞は一見に如かず」である。座学では得られない五感を実際に駆使した感覚でイギリス文化や企業活動、そして自然と共生するイギリス人のライフスタイルを直接体験できたことは、その後の私の人生において大変意義深いものとなった。

二一世紀の人類のキーワードは「自然」。人間と自然の立ち位置について考え直すことが喫緊の課題といってもいい。次章の第三章以降で詳しく述べることにする。

二七話それぞれが約二五〇〇文字、全体では七万三〇〇〇文字程度であるが、一話ごとに完結しているので、どこから読んでいただいても構わない。つまり正式なディナーのごとく学術的展開を繰り広げた重たいものではない。いわゆるランチ仕立ての軽い話題提供の心積もりで書いたものばかりである。構えることなくお気軽に読んでいただき、それでも一話ごとに少しだけ立ち止まって、日本と英国の間に横たわっている文化的な隔たりをわずかでも感じていただければと思う。

(1) 多様性と相互不可侵

私は一九九二年七月から九四年一〇月までのおよそ二年半、英国に本社を置く製薬会社の日本法人社員としてロンドンに駐在して管理部門全般の研修を受けた。

そこは各国の産業、販売、製造コスト等に関して、それぞれの予算と実績の報告数字が集まる部署だったので、大変エキサイティングな仕事を体験することができた。今、思い起こせばあっという間の一〇〇〇日間であった。

配属された部署での仕事は、世界各国に分散している生産基地の製造量、コスト、人員体制、生産・供給能力等を比較検討した上で、市場規模を考えあわせてグループ全体としての最善効率生産体制を構築するためのプランを作成したり生産基地の統廃合や増設案を立案するのである。コストと一口にいっても人件費、諸原材料費、償却費等に分解して比較したら各国の特徴や問題点がよくわかり、最適の生産プロダクトミックスのシミュレーションを行えることが大変おもしろかった。

もちろん各国にはＧＭＰ（製造及び品質管理基準）等の法的規則があり、机上プラン通り簡単に実現できるものではないが、同僚が頻繁に世界各国を飛び回っている姿を見て、英国本社で働ける喜びと興奮を禁じ得なかった。

そんな私に、このたびイギリス駐在の経験をベースに日英企業事情を比較して本誌に連載する話が飛び込んできた。たかだか二年半の経験で、しかも帰国後三年余りが経っている私に、そんな大層なことが書けようもないと最初は随分迷った。

しかし、もう一方では独断と偏見に陥ることに臆することなく、単身赴任の四〇男が感じたままのイギリスを今こそまとめておかないと、私自身のイギリスやヨーロッパの印象も、このまま埃を被ったままになってしまいそうな不安を感じていたので。結局自らの記憶保存の意味からも書いてみようと考えて、このお話をありがたくお受けすることにした。私なりのイギリスを書くつもりである。よろしくお付き合いの程お願いしたい。

ソフィストケイトされた人々の職場

そもそも、世界中でイギリスほど特定形容詞一語で、その特徴を表現することが難しい国はない。例えばイギリスには、その永い歴史で築き上げられた「公・候・伯・子・男」という世襲的な爵位貴族階級制度や、一代ながらもサーの制度が強く残っており、彼等は一般大衆とまったく違う雲の上の存在であった。

故ダイアナ王妃が二人の王子（ウィリアム・ヘンリー王子）を、テームズ河畔に寝起きする浮浪者たちの所に連れていき、「ここもイギリスよ」と言って現実を見せて教育したというエピソードを彼女の死後聞いたが、これは将来のイギリス国王への教育方針として妥当だったと思う。現実から目をそらさない王室として賞賛される。

物の見方として当然のことだが、ある特定の階級の人だけを見て、イギリス人全体がそうであるような陥穽にはまらないように注意しなければならない。なのに「イギリス人は○○だ」などと決めつける類のガイドブック等でイギリスをわかったつもりになったらとんでもないわけで、どこに住んでどんな人と付き合ったかによって、イギリスはまったく異なった顔を見せる国なのである。総じていえることは、相手をリスペクトして穏やかな寛容性を持って接してくれる。

そして私が職場でコミュニケーションを取れるイギリス人はどのような部分だったかといえば、やはりそこはかなりソフィストケイトされた人たちで構成されていた職場であった。英語は日本の中高等学校で習った文法に従ったものだったし、話題もＢＢＣニュースや社会的に上層階級を読者対象にした、かなり保守的なタイムズ、デイリーテレグラフ、フィナンシャルタイムス等の新聞のヘッドラインをテーマにして話がはずんだ。

ここで少し余談になるが、イギリスの新聞は異なった読者層を想定して編集されており、その結果、新聞の種類が実に多く、タブロイド判も含めれば二〇種類以上の新聞が（宅配制がほとんど発達していないので）駅前の店頭に並ぶ。したがってまずニュースの対象が違うし仮に同じニュースを扱っても、視点がかなり違っていた。四大紙やＴＶが同じニュースを、同じ論調で取り上げるわが国と随分違う。

むろん日本は単一民族国家で、歴史的にも決定的な支配者・被支配者階級社会を経験したことがない、世界でも稀なる平等社会としての国民性が、背景にあるのだろう。我々が周囲の人と同じでないと落ち着けない気落ちは、右へならいのファッションや髪型の流行などにもよく現れているが、日本に住んでいて極当たり前に感じることでも、外国から改めて見て実に変だなと気づくことがよくあるものである。

「一味違うイイ〇〇」という肯定的ニュアンスを持った表現を、英語では“with difference”と言って、まず相手との違いを美徳とまで言わないにしても個性として認め尊重する。このようなスタンスは何でも一定の型に閉じ込めてしまおうとする日本社会には根本的に欠けているのではないだろうか。

多くの価値観が混在しつつもアイデンティティーで結束

話がそれたが、新聞の例一つとってもイギリスが多様な階級社会と、そこから生じる多様な価値観を内包している国であることの一端が、おわかりいただけたかと思う。そして当然のことながら、同じことが会社の中でも見聞できた。

社会構造的にも相似的な価値観を擁する単一平等主義の日本企業では、会社内の異部署間でも比較的容易に他人の領域に入り込んで同化しやすいことが、イギリスではある意味では相互不可侵的に硬直的になりやすい面があるといえる。各人は他人の仕事の領域を侵さず、自分も侵されずという不文律的なものを感じた。会社全体として、どちらのタイプが強いのだろうか？　一長一短あるのだろうが、どちらもその特徴を発揮するためには、それぞれある必要条件があるのではないだろうか。皆さんも一緒に考えてみて欲しい。

ただ、私が強く感じたことは、一見多種多様な価値観の混在とも見える国なり会社であるが、実は全体を貫いている強力な結束バインダーを備えているということである。それは、人間や会社自体の存在の一貫性が成り立ち、しかも時間的・空間的に他者や共同体にも認められているもの、すなわち「アイデンティティー」（自我同一性）である。仕事のみならず日常生活やヨーロッパ一人旅等を通じて感じた、この強力なる結束バインダーは何なのか、次節以降詳しく述べたい。

（2）一つの倫理的求心力

日本企業に求められる一つの倫理的な求心力

前節では、イギリス社会が日本に比べて構造的に極めて多様な価値観を有している話をしたが、それではその多様性を束ねる精神的なバインダーとは一体何だろうというのが今回のテーマである。

バインダーを換言すれば、いわゆる精神的バックボーンあるいは拠り所（アイデンティティー）で、国民や企業のケースでは、社員全体の求心力として働くものということになるが、歴史的にも有形無形にいろいろなものが考えられよう。私は人間の精神的活動の最たるもので、時間と空間を超えて存在しているものの一つである「宗教」を、多様性に対応する「求心力をもつバインダー」として指摘したい。

つまり欧米の一神教は、一つの神を中心に道徳や倫理観が重要視されるので、神の意志を伝える啓典（例えば聖書）とそれを伝える預言者が存在し、神が示す倫理や道徳精神が国や企業の精神的バインダーとして強調される。一方日本の多神教は自然や先祖、地域ごとの神々を中心に調和と共存が重視される点が特徴的なので、自然界や祖先、霊的存在など多様な神々を信仰する。各地に神社が存在し、地域ごとに崇拝される神が異なるので「八百万の神」（やおよろずのかみ）と称するのである。

無神論者宣言にヒンシュク

ある時のオフィスでの話。当時、一種の日本ブームの時期で、私は同僚から「日本人の宗教、とりわけ神道」について質問されたことがあった。正直な話、日本にいた時はそんなことを考えたこともなかったので、ろくに説明できないでいたら、「それならヒロシにとっての神は?」と矢継ぎ早の質問。また無言の後に「僕は無宗教、無神論者なんだ!」とやったものだから、周りの者からは驚きのみならず、すっかりヒンシュクをかってしまったことがあった。

帰国後キリスト教関連の本を読んで多少の理解を新たにしたのだが、彼らの宗教感覚をあえて端的に言えば、「自分の一生を唯一の神に委ね任せて生かされていることに感謝して生きる」ことにあるのであって、私の「無宗教、無神論者」発言には目を丸くしたのも当然であったと言える。彼らにとっては、この世に生を受けて爾来、当然のごとく身近に「神」があるのである。私は、このような精神的背景の違いを認識しないで、目に見える行動や現象だけを捉えて日本と西欧の違いを比較検討することは、まったく意味をなさないと強く感じている。

まず「宗教感覚」の違いだが、一口で言ってしまえば〝一神教〟と〝八百万の神〟の違いである。西洋の唯一絶対的な神に対して、日本では八百万の神がある。別言すれば特定の分野に優れていたら、すぐに「神」になれるのである。「神様、仏様、○○様」の類で、東郷神社（東郷平八郎）や豊国神社（豊臣秀吉）や天満宮（菅原道真）等が、各地にあることでもわかる。

何ができたかで神になれ、国民はその神に賽銭をあげて自己都合的な御利益を願うのである。したがって精神的基軸である宗教の対象としての神が、時代によって揺れ動き、同時に人間の価値観次第で、すぐに変わりやすい。

誤解がないように言っておけば、私はこのような神のあり方の善し悪しを言っているのでなく、精神的支柱としての宗教の普遍性の差異を述べているのである。キリスト教社会では、その時々の価値観で、神そのものが絶対変化しないということである。

企業倫理こそビジネスのブレーキ役

「価値観多様タイプ」は普遍性をもった心棒がしっかりしていて、求心力をもって回りそうだが、上下に長いため不安定に思える。一方、「価値観均一タイプ」の日本型独楽は、心棒が不安定では巧く回らないのは当然であるが、胴の部分の国民の価値観が均一なので、安定感が大きな優位性であるようにも思える。現実には国際社会のいろいろな分野で両タイプの企業が競争するのである。

企業のあり方に限って言えば、日本型企業にとって大切なことは、まず己のタイプの強みを生かすことが第一。そして二番目には、これからの日本企業にとっては経営上、必須事項で避けては通れないと思われるグローバリゼーションを進める過程で、世界中には日本とは違うタイプの会社が現実にたくさん存在する事実をよく認識し、その上で彼らの強みを取り入れることであろう。

つまり具体的には『世界の多様な価値観を認めると同時に自らも横並び画一的な物の見方から脱却すること』。また『何も宗教に依ることではないが、ある意味ではかなり倫理的な組織の求心力となり得る企業アイデンティティーを確立すること』などが、これからの日本に企業にますます求められることになるだろう。

バブル崩壊前の日本経済はアクセルばかりでブレーキがついていない車で、下り道を走り続けていたようなものではなかったか。当面の利益が生じるところ（土地転がし、贈賄、バクチ的投機等）には手段を選ばず突き進んだのである。企業の推進力たるアクセルを〝利潤追求〟に例えれば、ブレーキに相当するものは〝企業倫理〟ではないだろうか。

ブレーキの役目は、必要な時に適切な力で車を減速したり、時には停止させたりして危険を回避し、安全な状態を得ることにあるが、普段はその重要性に気づかない日本型企業があまりに多い。

心の拠り所、アイデンティティーとしての高い倫理性（これは人や時代が変わろうが、普遍的なもの）を持っている人物よりも、その時々に求められる一時的な、何らかの特技を持っている人間が組織のトップや国政の指導者、さらには「神」にまで選ばれ得るのが現実日本社会の特徴である。

(3) ノブレス・オブリージュ

ノブレス・オブリージ――高貴なるがゆえの義務

今日おびただしい数の外来語が日本を席捲し、増加の一途を辿っている中で「ノブレス・オブリージ」なる言葉は、あまり聞き慣れない外来語の一つであろう。なぜ「ノブレス・オブリージ」が日本に馴染まないのだろうか。やはりそこには、日英の社会構造的懸隔がありそうである。

これは会社で机を並べていた定年間近の物知り先生（名前はピーター、イギリスの歴史・文化……実に幅広く私に特別講義をしてくれて、今でも彼の話の方が仕事よりためになったと固く信じているのだが）から聞いた話。

時は一九八二年、イギリス領フォークランド諸島をめぐって突如侵略戦争を仕掛けてきたアルゼンチン軍に対して、イギリスはアンドリュー王子を先陣とする大機動部隊を派遣し、激戦の末に勝利した。これがノブレス・オブリージだと、ピーター先生は言うのである。

貴族の戦死率トップの英国

さらに抗議は二〇世紀を遡って続く。第一次・二次世界大戦を通じて貴族階級の戦死率は、イギリスが各国の中で最も高いそうである。なるほど、戦争のような国家存亡に関わる危機には、イギリスでは国家のノブレス（王室や貴族階級など）から先頭にたって戦地に赴いたらしい。確かに日本ではおよそ考えられないことである。

そもそも「ノブレス」とは貴族／お金持ち……等で、複数の人間が集う集団組織（国・会社など）のトップやエリートたちのことである。また「オブリージ」とは文字通り果たすべき義務のことなので「ノブレス・オブリージ」とは簡単に言えば「人の上に立つ者の義務」ということになる。

これは本で読んだことだが、イスラム教におけるムチ打ち刑は自由人の方が奴隷より多くぶたれるそうだし、アメリカでは一般国民にはプライバシーを守る権利が平等に与えられている中で政治家だけには資産公開が義務付けられているそうだ。

諸外国での責任の問われ方としてはどうもノブレスほど厳しく、反対に平民の方が楽のようである。でもよく考えれば、これは権限が大きい分それと背中合わせの責任も大きいということで、当然のことと言える。ただ、ここで大切なことは「ノブレス」の中には「オブリージを実行する人間」と「実行しない人間」の二通りのタイプがいることである。

私はノブレス自体に対しては自動的に尊敬の念を持つものではないが、ノブレスの中でもオブリージを自覚し、きちんと実行する人物に対しては尊敬し、自分もそうありたいと願うものである。一番不愉快なのは、ノブレスでありながらオブリージを自覚・実行しないばかりか、他人（一般の国民や社員）に対してのみオブリージを要求する人間である。

東南アジアの某国で国民のみにオブリージを強いて、自らは権力をむさぼり続けたノブレスがいたことも記憶に新しい。

このようなノブレス・オブリージは当然のことながら、危機に発揮されることが多いので平穏無事な時期には案外わかりにくいものであるが、イギリスのオフィスで働いた私の印象では、各人が明確に規定された自分の職位・権利に相応した義務・責任を、十分に自覚し発揮していたことを数多く見聞し、とても感動した。

ところで諸外国の経営トップの報酬が、日本と比較して多いことがよく論じられるが、私は責任の取り方（オブリージ）の大きさに比例して報酬は、高額であっていいと思う。大切なことはノブレスの高さだけに報酬は、比例すべきでないということである。例えば「年長」というノブレスに比例した「年功序列型給与体系」は、縮小ないしゼロであった。話を少し転じれば、そもそも競争社会は報酬の多寡を求めて生じるものだと思うが、いくら報酬が多くても非常時の責任義務が重い社会、すなわちノブレス・オブリージが成熟している社会では、人それぞれの人生観に応じて、競争への参加を見合わせるようになるものである。逆にいえば教育ママや記憶力偏重の激烈な受験戦争をなくすには、有名大学さえ出ればオブリージのない楽なエリートになれる社会をなくすことである。

指示は上意下達でクリア

それにつけてもなぜ、日本にノブレス・オブリージが根付きにくいのだろうか？　私の意見は前二回にわたって述べた日本型社会構造に原因があると考えている。すなわち、日本社会は同一民族社会で、階級闘争を避けて、皆が中流意識を持って仲良く平民であることを意向する社会であることを、思い起こしてほしい。こういう社会ではノブレスがむしろ邪魔なのである。上は下に気を遣い、下は上にへつらって「裸になれば皆同じ」の社会では、オブリージはもとよりノブリージさえ育ちにくいのではないだろうか。

一方、日本と同じ島国であるが、イギリスは英国本島内の地域紛争やヨーロッパ大陸諸国との闘争を繰り返しながら、世界各地に英国連邦として支配・被支配の関係を築き上げ、現在の立憲連合王国に行き着いた国である。このような日英の歴史的懸隔は両国のノブレス・オブリージの熟成度合いに大きな差を生んだが、同時にトップの命令形態にも大きな影響を与えた。すなわち日本の会社が合議制によって決められた経営トップの方針（時には）下の反応を気にしながら指示を出すことを旨とするのに対して、会社ではトップの戦略方針と戦術指示が上意下達方式で、クリアかつストレートに社員に命令される。その代わり上手くいかない時には、トップがきちんと責任を取る。この法が兵隊である一般社員にはずーっとわかりやすく、受け入れられやすい。

我々日本人には「ノブレスがいなくても和をもって尊しとすべし」の、聖徳太子以来の〝和の世界〟が、心底住み心地がいいのである。今日、世界中で願ってもなかなか得られないこのような社会は、平穏無事の時代はそれなりに結構である。しかしながら組織内の和が途切れた時や外から襲われた危機には、誰もリーダーシップを発揮できないばかりか、結果に責任を取ることなく混乱状態に陥ること必至である。

政官財を巻き込んだ金融危機・経済不況の今の日本ほど、真のノブレス・オブリージが望まれている時代はかつてなかったと思う。国際会議の取材を終えたある記者が「日本の政治指導者は真のLeaderではなく、官僚が書いた原稿のReaderである」とかなり辛辣な批評をしていたが、これもノブレスばかりでオブリージがはっきりしない日本型トップのあり方に対して、ある意味で正鵠を得ているのではないだろうか。

（4）労働懲罰論

労働は懲罰だからこそ効率化し回避

私が昨今の日本の傾向として強く感じ同時に懸念することは、具体的に目に見えたり聞こえたりする情報にあまりに一喜一憂し、短絡的影響を受け過ぎるのではないかということである。つまり情報の裏に潜む歴史的・文化的背景などについて、学習したり考えたりする時間が情報の増加に反比例して、ますます少なくなっているということである。現代の一方通行的情報過多が、我々に目に見える出来事としての事実と、その裏に潜む見えない背景としての真実の区別を、つけにくくさせているのではないだろうか。日英間の懸隔はたくさんあるが、英語でいう“What makes English people do that”の「目に見える結果としてのthat（事実）と同時に、背景にある原因としての What（真実）」を、皆さんと一緒に考えていきたい。

休暇中は労働から一切断絶

さて今回の日英の懸隔は、我々が日々励んでいる〝労働〟について考えたい。現代の大多数の企業にとって、その活動が国内に止まらないでグローバリゼーションが経営戦略上、避けて通れない課題となっている今日では、異国人同士が職場を一にすることは極当然のことである。私が勤めていた会社においても世界約八〇か国にオペレーティング・カンパニーを持ち、私自身も一人の日本人として異国人の中で働いてみて、否応なしに労働に関する具体的な行動の考え方が、彼らと随分違うことを認識することができた。

具体的懸隔を挙げる。例えば、休暇の取り方については、端的に言って彼らの休暇は日常の労働生活からの完全断絶で、会社との連絡を一切絶って可能な限り長期にわたって自分と家庭のための楽しみに、ひたすら徹する。決裁権限が大きい上級職の人は事前に権限を明確に委譲して休むから、休暇中の決裁が滞ることはない。また日本では多くの日常実務に携わっている人に限って、休暇中にたびたび会社から電話があったりするが、彼らは他人のホリデーを大いに尊重し、協力しあって休暇をとっていた。

それに日本ではかなり恒常化している残業、休日出勤もほとんどなかった。また労働争議のあり方も随分違っている。例えば日本では賃金交渉を主たる目的として春闘があるのに対して、イギリスでは労働時間短縮や労働環境改善などの、賃上げ以外の要求闘争が盛んであった。

したがって要求に対して満足な解決が得られないときには、一年を通じてストライキを方々でやることになる。日本人旅行者が海外旅行で、交通機関のストの多さに驚き迷惑する所以である。それから転職についても、やはりイギリスの方が圧倒的に多く、私も随分多くの同僚の送別会を経験した。それにしても、これらの背景には労働そのものに対する認識の違いが、日英間に横たわっているとしか考えられないほど、多くの懸隔を経験した。そして認識の違いは当然、労働という認識の違いから来ていると考えられるのだが、大変難しい問題で以下は私見である。

窓際族を羨む英国人

そもそも私は、アダムとエバが神の言いつけを破って禁断の実を食べた時を、西欧社会の労働の起源（嚆矢）と考えている。これがエデンの楽園からの追放、いわゆる〝失楽園物語〟であるが、それまではエデンの薗では労働なんて存在しない歓喜（エデンとはヘブライ語で〝歓喜〟の意だそうだ）の世界だった。人類最初の罪に対して神は、人間の男女各々に「労働と出産の苦しみ」という懲罰を与えられたのである。この原罪思想は、ユダヤ教・イスラム教・キリスト教共通の聖典である「旧約聖書」に記されており、これらの宗教を信じる仏教国を除く世界中の大部分の男たちは、労働を生まれながらに神から与えられた懲罰として、受け止めているのではないだろうか。労働を懲罰と考えたらやはり基本的には回避したいし、いかに効率的にこなして楽をしようかと考えることは当然であろう。

一方、日本時にとって労働の起源とは、神から授かった〝神事ないし祭り（奉り）〟ではなかろうか。これは例えば稲作の一連の作業を思い起こせば、神から授かった労働としての神事的行動が、今も年間を通じてたくさん残っていることからも想像がつく。そこには労働は懲罰というより神から授けられた、ある意味ではありがたい神事。祭りとして受け止める、稲作農耕民族としての日本人の姿がある。労働懲役思想の彼らには、田植えから稲刈りまでの過程において、神輿を担いだり家族や部落での共同作業などを行う、日本人の神事的労働が異様に見えるかもしれない。

ある時、会社のオフィスで、日本のサラリーマン社会の〝窓際族〟の話をしたら、「会社にどのような貢献をした人が、窓際族になれるのデスカ?」と真剣に質問されたのも、労働を懲罰と捉える考え方から見れば、わかるような気がする。

先に触れたが、旧約聖書を聖典とする国ではホリデーは「Holy-Day」すなわち聖なる日であって、むしろ労働をしてはいけないのである。また英語にSabbatarian（サバタリアン）なる言葉がある。最初の人文字が違ったら、日本では一部の中年女性の代名詞になっているが、キリスト教やユダヤ教徒における〝安息日厳守主義者〟を意味する。敬虔な信者にはかなり多いそうである。

逆に休日出勤も辞さず、長い休暇には困惑したりする、我々日本のサラリーマン諸氏は労働を神聖なるものと考え、基本的には休暇を罪悪であると感じる真面目人間なのだろう。それから、これは明らかに自己弁護であるが、われらサラリーマンが会社の帰りに同僚と一杯やるのも労働神事としての延長であり、また会社という御神輿を担ぎ終えての一区切りの意義もあるのかもしれない。

労働懲罰思想よろしく彼らは毎日、少しでも早く仕事からの解放を望むが、同時に少しでも少ない時間により多くの成果を上げようとする〝効率主義的労働〟を目指し、会社での部内会議でも投入時間と成果のバランス（生産性）を大変厳しく問われたことを、彼らの労働懲役思想に対する援護射撃として付言しておきたい。

(5) グループとローカル管理——製薬産業の歴史と地球化

川上ほどグループ管理

今回は世界各国に活動拠点を持ち、国際的に巨大化した企業グループ全体のコントロール手法をテーマにして、日英の懸隔を述べたいが、英国の方は私が勤務した会社での経験に基づいてお話しできるものの、肝心の日本企業の方は私にはよくわからない。

そこでまず英国本社の実態を紹介することにして、本テーマの日英の懸隔およびその背景については、皆さん各自にも考えていただくことを基本スタンスとして、本稿を進めたい。

ところでグローバリゼーション戦略を進める企業にとって、経営管理上最も肝要なことは「中央集権的なグループ・コントロール」と「各国分権的なローカル・コントロール」のバランスをよくとって、企業全体としての利益の最大化を図ることではないだろうか（なおグループは年間売上約二兆円の世界最大級の製薬企業であるが、本国以外の売り上げが九三％を占めるグローバリゼーションが大変進んでいる企業であることを、ここでは付言しておきたい）。

このような医薬品の時間的流れを、川の流れに例えて言えば、「川上であるR＆Dほど中央集権的な全世界的グループ管理に置かれ、川下の営業部門さらには人事部門ほど各国分権的なローカル管理に委ねられている」と言える。現実にR&D領域では、国際的ハーモナイゼーションに基づくICHの進展が、急速にR&D領域の世界標準化を加速しているから、R&Dにグループ全体の管理システムを導入することは当然であろう。

川の流れの中流域にあたる生産や物流部門も、基本的にはグループ一括の生産管理が効率的であろう。ただ各国には固有のGMP／GSP（医薬品製造と供給に関わる規則・法令など）があり、製品ごとに現地の言葉による包装ニーズもあるので一〇〇パーセント、グループ活動化というわけにはいかない。また川下のマーケティング・販売領域は、マーケティング部門に一部グループ活動的なこともあるが、やはり販売領域は国別に市場環境が異なるので、かなりローカル管理に委ねられることになるだろう。人事部門も然りである。

最後になったが、全般的な管理部門の事情は少し複雑である。つまり管理部門の中でも人事・総務部門は、各国の文化歴史的な背景を考慮した、いわゆるドロドロしたローカルな管理が必要な領域かもしれない。しかしながら財務・情報システムについては、国際化が一気に進みつつある。例えば国際会計基準による財務諸表作成やインターネット情報システムの普及は、全世界的なグループ管理をますます可能ならしめている。

基本的には、世界各国にオペレーティング・カンパニーをもつ企業は、グループ管理の幅を少しでも広げる戦術を実現しようとする。しかしながら先述の人事や総務の例や各国独自の法的規制の影響が大きな業務など、ローカル管理に任せた方が効率的かつ効果も高い領域が、依然としてあることも事実である。

そこを間違って、何でもすべてを強引にグループ管理に組み込もうとして失敗した例は、薬業界ならずとも他業界でもよくあることではないだろうか。

グループ管理とローカル管理の調整

グループ管理とローカル管理の調整には、グループ本社と現地法人との密接な連携や、ローカルの市場に即した迅速な経営判断が必要である。グローバル戦略で成功した会社は、経営の統一性と柔軟性のバランスの上で、グローバル市場での競争力と持続的な成長を常に図っているのである。

グローバリズムに成功した企業は、現地におけるガバナンスと監査体制を強化し、現地法人がグループ全体の方針から逸脱しないようにしつつ、地域の特性に応じた柔軟な対応を行っている。このように、統一性を優先しながらも、各国市場に柔軟に対応することで、グローバルな競争環境において持続可能な成長と信頼を確保することが、成功の鍵だと考えている。

要は、グループ全体の方針を維持しつつ、各国の法令や規制、さらには経営環境や文化的な配慮と調和をもたらすことが何よりも重要である。

各国ごとに異なる規制や法令を万が一でも無視することがあったら、現地での法的なトラブルが生じることになり、グローバル企業の評判が全世界的に受けるリスクたるや、大変大きなものになってくる。

地域文化や市場特性に合った柔軟な対応を取り入れつつ、グローバル企業としての統一的な方針を確り守ることである。各国での事業運営がグループ本社と合意に達し、信頼性を高めることである。

グローバルな視点とローカルにおける対応のバランスをとることは、企業全体の持続的な成長を促進し、国際競争力を維持できることに通じるといえよう。

(6) 二者択一的議論と正・反・合

会議は二者択一的議論で進行——言語と正・反・合

テーマは会議のあり方・進め方についてだが、日英の懸隔といってもUKの方は、前節のテーマ「グループ&ローカル管理」同様、私がUK滞在中に実際経験したものだ。日本の方は、皆さん方の会社と比較しながら読んでいただきたい。

まず会議にまつわる基本的な部分として、頻度・時間に関して述べれば圧倒的に会議の回数が少なくて、しかも一回の時間が短かった。特定のテーマについては、その都度タイムリーに開催されるが、定期的な部会を例にとれば二か月に一回、一時間三〇分と決められていた。そして参加者に関して特筆されるべきことは、参加者が極力最小限に絞られることである。つまり会議の主催者は、機械的に組織のトップに開催案内を出すのではなく、会議のテーマについて最適主任者を絞り、名指しで出席を要請する。指名された人間は必ず、事前にボスに相談してから組織代表として会議に出席し、その結果をまたボスに報告した上で、次の指示を受けるのである。

あなたのボスは誰？（Who do you report to ?）。つまりボスとは（会議出席で忙しく飛び回っている人ではなく）部下から報告を受け、それに対して新たな適切な指示が与えられる人なのである。

提案および反対意見を出し尽くしてから合意する

次に会議の進め方についての日英の隔懸を述べたい。最初に具体的な結論を導くまでのプロセスであるが、まず主催者サイドからテーマごとに決議事項の提案・説明がなされ、次に各部署からの参加者によって、それに対しての反対意見が述べられる。両論出尽くしたら最後に、参加者全員が結論としての合意点を導く。

つまり、このプロセスは典型的に「正→反→合」の弁証法的推論・議論に則していることがおわかりいただけるだろう。英語では反対意見を「Second Opinion」といって、最初に意見「First Opinion」のアンチテーゼとして、自然に「SECOND・二番目」という概念でとられるのである。そして典型的な欧米人の思考法とは、YES（First Opinion）があればNO（Second Opinion）が次に必ずあり、そのYES／NO両サイドの意見を通した後の三番目にくるものに、結合と和を求めて（当然YES or NOの二者択一もあるが）結論を導く思考法なのである。実際、後から議事録等で会議を振り返れば、見事に「正反合」方式が貫かれていることがよくわかる。

次に、会議での議論手段としての言葉そのものについて、言及したい。英語と日本語の違いと言ってしまえばそれまでだが、言語体系そのものがまったく違うのである。例えば「議論する」という日本語に相当する英語としてDiscuss／Debate／Argue／Controverse／Disputeなど数語が、すぐに浮かぶ。日本語の「雨」などに見るように、ある国民が特別の関心を寄せる言葉は、自ずと微妙な違いをたくさんの言葉で表現しようとするそうだが、英国人にとって「議論する」ことは昔から、相当関心度が高い行為なのであろう。

ところで日本語は、歴史的にみても家内農業を主な生業として、特定場所に定着する民族の言葉として、いわゆる一族という家内（ないし屋内）語の域を出なくてもよかった。例えば家内では「お茶を俺にくれ」と言わずに「おーいお茶」で通じるから主語、述語、目的語の設定も特に必要でなかったし、一族間で激論をぶつけあって闘うことを避け、なるべく穏やかな「和」への道を選ぶ国民の言語として、日本語は進化してきたのである。

一方、英語も元来はごく限られた、気心が知れた者同士のコミュニケーション手段として、文法にも拘らない時代があったが、世界がすぐに広くなって家内に止まらず、異民族間の紛争や交渉時などの伝達手段として用いられた。したがって心情や雰囲気で解釈する曖昧な部分を極小化し、同時に議論の手段として、その構文や文法の確立が進んでいったのである。

そして、このような論理的でかつ曖昧さを排除する言語は、当然のことながら論理的な思考法をも確立させてきた。日本の会議では「あなたの言うことは心情的にわかるけど」などという曖昧な表現が横行するが、あくまでも議論的ステップをふみながら、結論を探る向こうの会議・議論では、そのような表現は基本的には存在しない。多少極端に言えば「Right or Wrong」「Yes or No」の二者択一的議論で、英語の会議は進められるのである。

事実と論理に基づきNo！を

ここまで書いてよく考えてみたら、会議や議論に関する日英の懸隔というが、早い話が「言語と思考法」の違いが背景に横たわっていることがわかる。もし歴史の中で日本語も英語の如く、家内語から脱して異民族間の論争や説得、交渉手段の屋外語として活躍するチャンスが過去にあったなら、文法、構文、単語等すべてにわたり現在の日本語の体系自体が、かなり変わっていたと思われる。

私自身は「桜」と聞いて、美味しいサクランボを想像する唯物的な欧米人であるより、花の散るさまに人生の哀愁を感じる日本人であることに、幸せと誇りを強く感じる。しかしながらグローバリゼーションの今日にあって、日本語・日本人が屋外語・国際人として脱皮しながら、変革していかなければならないことは当然である。

例えば外交折衝において論理的に説明することなく「言わなくても相手はわかってくれるだろう」で通用するはずもない。大切なのは、アンチテーゼとしての反対意見があるならけっして非論理的論争に陥ることなく、あくまでも事実と論理に基づいて「No！といえる日本人」になることである。個人的感情が優先されて「俺に反論した」という感情だけが残ったり、妥協の道を選んだりして論争がなかなか芽生えないのが、日本人の議論や会議で多くみられる実態ではないだろうか。

相手を論理的に打ち負かすことを目指す西欧社会のディベートではありえない「相づちを打つ」という日本語の英訳には、外人が相当苦労しているようだ。相づちを打つのは日本人同士の会話の時だけにしよう！

（7）企業統治の違い

英米型は株主利益を、日欧は共同体を重視

本節では資本主義社会の経済活動の大部分を担っている企業としての株式会社の制度や活動システムについて、私の意見を交えて日本との懸隔を探りたい。

そもそも株式会社は、株主、経営者、従業員、消費者、債権債務者などからなる協同システムであるが、各々のステークホルダー間の力関係や目的・分担のあり方において、日本と諸外国の間に大きな懸隔があると思う。諸外国の中でも英・米（アングロサクソン型）社会とヨーロッパ社会では、その成り立ちにおいてかなり違っており、日本は後者に近くて前者のアングロサクソン型に対して日欧型と一括分類できよう。

すなわちアングロサクソン型では、個人の主張や平等を重視する思想が社会生活の中で発達し、企業システムにおいても対等な個人間の契約を基本としており、契約の中では、〝利益の追求思想〟が強く貫かれている。一方、日欧型は制度的に労使の協調が重視されており「経営者と従業員」という共同体や雇用関係の維持にかなりの配慮がなされて、個々の利益の追求に対しては英米よりずっと消極的である。

両者の傾向を多少断定的には、しかも強調して述べたが、例えば企業の中の赤字部門への対応時などに両者の違いが顕著に現れる。一見、冷酷無比にさえ思える部門廃止や人員削減、あるいはM＆Aなどの道を選ぶ米英型企業とは対照的に、日欧型企業では他部門の補完による赤字部門の存続をまず考えるのは、労使の協調が重視されている企業風土の違いからくるものである。

このような対照性はグローバリゼーション下における英米型企業と、日欧型企業の効率競争からくる所産といってもいいだろう。しかしながら対応結果の違いだけではなく、その結果に至る要因としての企業自体の本質的なあり方の違いについて述べるのが今までのスタンスであるから、具体的にここでは実際に企業行動の意思決定に最も影響を与えると思われる「企業の統治構造」を比較検討の切り口としたい。

財産保全・説明報告責任を有する経営者

まず統治（Governance）する者の必要条件としては、リスクを負担できる者であることが基本であろう。これを現在の株式会社制度に当てはめれば、経営破綻のビジネスリスクを負担できるのは、自己資本の提供者としての株主であり、実際に株主は会社の所有者という特別な立場が与えられて、余剰利益の請求者となりえる代わりに、自らが提供した資本は常に危険に晒されているのである。もっとも現実の企業においては、株主が複数多岐に分散して株主直接の会社経営が困難なために、株主総会において株主が取締役を選任し、その取締役会が選んだ執行経営者に会社経営を委ねるという仕組みを採用するのである。

したがって経営者は、株主財産の受託者として株主利益を追求する受託責任を負うと同時に、自らの経営執行結果を株主に説明する責任を負っているのである。なおこれは蛇足かもしれないが、ここでいう責任者は自ら取る責任としての Responsibility ではなく、明らかに統治者である株主ないしその代理の取締役会から取らされる責任であるところの Accountability であることを、あえて強調しておきたい。同じ責任でも両者は大違いなのである。

さて以上のことから株式会社制度下の企業統合とは、「統治権力を本来有する株主の代理人として取締役会が経営方針や戦略について意思決定を行い、経営者が実際に人・物・金などの経営資源を用いて行うマネジメントを監督する一連の行為である」と、定義できるのではないだろうか。そして、このように定義すれば取締役会が、一連の企業統治においていかに大変重要な役割を果たしているか、おわかりいただけると思うので、今少し、この取締役会を中心に企業統治に関する日英の懸隔について私見を述べたい。

グループ取締役――一四人中八人が社外取締役

これまでの日本企業の特徴として、資本と経営の効率的な分離が十分でなかったのではないだろうか。前述した企業統治の観点から述べれば、本来の統治者である資本家の代理（しかしながら事実上の統治者）である取締役会と経営執行者としての経営者の役割が、明確に整理されていない。具体的には経営執行から独立した統治機能と統治能力が、取締役会に備わっていない企業が多かったのではないだろうか。

さらに日本企業の統治構造が法制度的には戦略意思決定と、その執行を担う取締役会と、経営の監視を担う監査役会の二元構造から成立しているが、現実には社内取締役会が大多数を占める取締役会に、代表取締役社長の監督など期待できず、社長に任命された取締役なら株主より社長に対して忠誠を誓うのが当然であろう。

　また日本企業の監査役が、本来の第三者中立的立場で徹底した経営の監視機能を果たせず、不祥事が発生したことは記憶に新しい。日本では取締役（いわゆる重役）が、従業員の出世の最終ゴールに位置づけられ、その多くは使用人も兼務して従業員の代表者であるかのごとく認識されているが、このような状況下では取締役会に統治能力を求めることは、まったく不可能である。ちなみに現在ＧＷグループでは役員一四人の中で、社外役員はなんと半数を超す八人を数える。

　私は、冒頭に述べた英米型企業と日欧型企業双方の利点を兼ね備えた統治と経営を理想とする。しかしながら、内部には共同体としての経営者と従業員の協調を維持しながら、外的にはグローバリゼーション経済戦争の勝利者であり得るのかどうかは、大変疑問である。

　特に昨今の日本経済の不況の中で、多数の株式会社の倒産を見るにつけて感じることは、今までの日本企業に先述したような英米型の企業統治が不足していたことである。そして、これからの日本企業にとって大切なことは、単純に英米型の株主利益志向に陥ることなく、日本企業が培ってきたそれなりの良き人事制度を、上手に新しい企業統治に適合できるよう改善していくことではないだろうか。

（8）イギリス個人主義——個性の尊重

お茶に対しても個性的見解を所有する英国人

本節と次節は、英国で大変印象深く感じたことで連載当初の予定にあって、まだ取り上げていないテーマの一つである「個人主義」について述べてみたい。

個人主義を辞書で引けば「個人を立脚点とし、社会や集団も個人の集合と考えそれらの利益に優先させて個人の定義を認める態度」と随分難しく定義されている。

私が感じた個人主義は、平日はオフィスにおける経験、週末は住まいの近隣者たちとのふれあい等がベースになっておるもので、国家とか社会とか大きな組織との関係で感じたものでないことを最初に断って、「イギリスの個人主義」とその周辺を紹介していきたい。

週末のある昼下がり、一人暮らしの私は隣のご夫婦からお茶を招待された。

見るからに典型的なイギリス紳士とレディーの素敵なこのご夫婦とは、お互いが愛猫家というご縁で二人の一人娘ラーラを通じて、すぐに知り合ったのである（ラーラはドクトル・ジバゴのラーラと同じ名前の超美人のペルシャ猫で、この辺のことも詳しく紹介したいのだが、紙面の都合上先を急ぐ）。

さて、お茶と一緒に奥様手作りのクッキーが出された時に、私の中の原日本人性が暴露されたのである。

「スゴーイ、まるでお菓子屋さんのクッキーみたいですね！」

私は素直に自分の印象を口にした。その時である。英国人が不快なときにだけしか見せない眉間のシワが、奥様を見つめる僕の目に飛び込んできたのである。事情を察して温厚なご主人が「ヒロ、これは世界に二つとない貴重なクッキーだよ」と優しく言ってくれたのである。他にない唯一無二の個性を認めることなく、十把ひとからげの私のクッキー評が彼女には不本意だったのでる。

私には、奥さまのプロ並みの技術が本心からまず讃えたかったことと、そして僕のために作ってくれたことにあらためて深く感謝の意を伝えるのが精一杯であった。

個性の尊重に関して感じたもう一つは、この日の主役であるお茶についてである。

「Tea or Coffee ?」に始まり「Sugar or Milk ? etc.....」。お茶に関するゲストの好みについてホストからの質問がやたら多くて、実際にお茶が供されるまでの時間が本当に長い。

英国人たるものお茶に対する個性的見解があって然るべきなのであろうが、日本では少し様子が違って、「お茶とはこんなものである。これを万人が好まないはずがない」という極めて類型画一的な発想がなされて、客の好みに反して砂糖がたっぷり入ったインスタントコーヒーがいきなり出てきたりすることがあるのではないだろうか。

この日のお茶会で類似性より個性を尊重する国民性を改めて見直したのだが、「Tea or Coffee」は、その場の主体があなたにあるということの英米人特有の宣言であって、好みを聞いているのではないことを付言しておく。

封筒への差出人明記はプライバシーの放棄

ところで「個人主義」について思索しているときに、別物なれど必ず思い出されるのが、「プライバシーの保護」の問題である。両者は以て非なるものだが、ここで個人主義をサポートする必要条件の一つとして、プライバシー保護という観点から郵便と電話の例について述べたい。

イギリスでは郵便物の封筒の裏を見ても、まず一〇〇%差出人が記されていない。したがって誰からの手紙か表面上はわからない。これは差出人のX氏が、宛名人すなわち受取人だけがこの郵便物を開封でき、差出人が誰かを知る権利があるということを、宣誓しているようなものである。封筒に差出人を記すこと自体が、プライバシーの放棄であると、彼らは考えるのである。

もちろん誰からの手紙かわからないと困るから中身、それも通常は文頭に差出人が書いてあるのである。また行方不明にならないよう手紙の安全確保の方法もあるにはある。

すなわちもし宛名人がいない場合に備えて、〝リターン・アドレス〟（その手紙を戻して欲しい住所）を封筒に書くのである。この場合は、その住所の新子居住者が投函すれば無料でリターンする仕組みになっている。これはプライバシー喪失と引き換えに手紙の安全保護を得ることになる。

このように合理的にプライバシーの保護を徹底する国民性は、文面まる見えの葉書をあまり好まない。プライバシーもなく紙面の量も少なく汚れやすく、しかもである、葉書の料金が高めに設定してあるのである。あたかもプライバシーを売るような葉書は使いませんと国民全体が叫んでいるように思えた。

なお蛇足であるが、イギリスの郵便制度は世界に名立たる〝ロイヤル・メール（王立郵便）〟といって迅速、安全、確実な郵便システムを誇っており、必ず間違いなく配達されることは受け合いである。

次に電話の話だが、郵便の場合と同じく日本と事情が大きく異なる。例えば、電話をかけたらこちらは名乗らず、話をしたい相手を指名する。受けた方も本人だったらまずは〝Speaking〟だけ、内線につなぐときも、黙って本人に転送するだけである。話をしたい同士であることがわかったら初めて「やあ、元気！」と相成るのである。

日本では必ず「どこの？　どちら様？」と素性を厳しく確認される。そして取り次ぎの場合にも「○○さん！　どこどこの△△さんから電話です」と、狭い事務所や家庭内で大きな声でやられることが多いのではないだろうか。内密の話などできたものではない。

ふと学生時代に苦労して彼女に手紙を書いたり電話したことを懐かしく思い出しているが、昨今、携帯電話が若い人を中心に普及するのは、プライバシーの面から極く当然のことであろう。

さて以上の実例で、イギリス人がいかに他人と違う個性を尊重したり、徹底してお互いのプライバシーの保護を図っているかがおわかりいただけたと思うが、これは一体どこからくるのだろう。決して一朝一夕にでき上がったものではない。良いワインは、良い葡萄を長年大切に熟成させて初めてできるがごとく、個人に優しい住みよい社会は、個人主義の良い面を長い年月をかけて、国民的コンセンサスを得ながら大切に育ててきた成果に他ならない。

日本にはプライバシーがあまりなく、あるのは〝お節介〟だとよく言われる。私は今回述べたような、個性あふれた個人のプライバシーに価値観を置く「イギリス個人主義」に、良い意味で成熟した大人の世界を強く感じる。そしてそこに住んでみて、なおさらイギリスという国をこよなく好きになるのである。

次節では日本人の行動様式と比較しながら「イギリス個人主義」の源流を辿ってみたい。

(9) イギリス個人主義——プライバシー

イギリス個人主義の源流——プライバシーの狩猟牧畜文化

本節では、日本人の行動様式にも目を向けてイギリスとの文化、風土的な懸隔を探り、ひいては多分、日本と対極にあると思われるイギリス個人主義の源流みたいなものが探れればと思う。

それにつけてもなぜ、日本には「〝プライバシー〟が少なく、〝お節介〟が多い」とよく言われるのだろうか。両者を白い紙の上に並べて書いて見比べた。そして、プライバシーという言葉から連想できる概念を次々と列挙してみたら、次のようになった。「プライバシー↓個人↓自立的↓本音を言う↓多様な価値観↓社会全体より個人を優先↓変化移動的狩猟牧畜民族……等」。

同様に、これらの対極にあると思われる概念を一対一に拾い上げたら、「お節介↓集団↓他律的→建て前ですます→一様な価値観→個人より社会全体を優先→定着的固定的農耕民族……等」となる。見事にヨーロッパと日本の懸隔が対比されておもしろい。

私は日本とヨーロッパ諸国の間に横たわる幾多の懸隔の要因は、究極的には「プライバシーの狩猟牧畜文化VSお節介の農耕文化」という、民族としての文化の源流の違いに帰するのではないかと、個人的には強く感じている。

UKの歴史は異文化認め合う「連合合併」

さて、最初にわが日本人の、農耕文化に熟成された特徴としてあげた各項目について、簡単に補足説明を試みよう。次のカッコ内が、先述した農耕民族としての日本人の特徴的な概念であるが、皆さんは納得されますか。

農耕文化の特徴は、米作りの例を考えればよくわかる。動物を追って移動する〝狩猟牧畜民族〟と違って、農耕民族はまず一定の場所に水田を作って定着することから始まる→「固定的」。また個人一人で行動するより、人手を出し合って共同して作業を行う方が効率的である→「集団社会的」。集団共同社会では価値観が一定の方がまとまりやすい→「一定の価値観」。集団社会では本音を出し合った、まとまりがつかない→「建て前社会」。一定の価値観は一定の規律を生み、自らより他から律されることが多くなる↓「他律的社会」。また他律的集団社会ではプライバシーを守るのは至難のワザで、反対に周囲や他人の動向が気になる結果、ついついお節介をやくことになる↓「お節介」……という具合である。

一方、対極にあるイギリスのことも紹介しておく。狩猟時代までに遡ることはなく、一七世紀のイギリスではヨーロッパ各国に先駆けて、市民革命（ピューリタン革命と名誉革命）が勃発するわけだが、これは封建制の固定的、他律的な社会規制を嫌い、自由な価値観に基づく多様性の存在を求め、同時に認め合う個人主義思想が大きな原動力になっていたと言えよう。

そして、この個人主義的思想は現在の「グレートブリテンおよび北アイルランド連合王国」いわゆるUnited Kingdom成立の歴史にもよく表れている。すなわち征服や統一という形をとらないで、イングランド、スコットランド、アイルランドの各王国とウェールズ公国の各地域の個性的な異文化を、お互いが認め存続させる「連合合併」という形態を取ったのである。

彼らはオリンピックでは全体の単一チームで出場するが、記憶にも新しいワールドカップ等の多くの国際試合には、今なお各国が自国の国花等（例えばイングランドはバラ、スコットランドはアザミ）を胸にあしらったユニフォームを誇らしげに着て、四チームが別々に参加している。またユニオンジャックと呼ばれるＵＫの国旗には、三つの王国の守護聖人のシンボル十字が、全部織り込んであり、連合王国のその名がまさに体を表している。このように各国の歴史的個性、文化等を類型画一的な規範で埋没させることなく、お互いが大切に認め合うスタンスはいたるところに認められる。

ハンコより自分自身しか持ち得ないサインを重視

このように、〝個性的差異〟の存在は、他人からの干渉を嫌い、本音を吐いて、自律的生活を求める社会にあっては当然のこととして受け止められ、同時に尊重しあうことになる、その〝個性的差異〟に関してオフィスで経験した一例を紹介しよう。

私は着任当初、彼らには珍しいだろうとも考えて、社内の文書に日本から持参したハンコを頻繁に用いたのである。ところが日本では伝統的かつ日常的な私のこの行為が、彼らには珍奇さと同時に怪訝さをもって映ったのである。私は実印の話もして防戦したのだが、彼らは世界中にその人一人しか持ち得ないサインと比較して、ハンコは模造にしろ誰にも同じものが入手できて悪用される可能性が高いことを指摘し、それが重要書類に安易に使われていることに疑問を持ったのである。実際にグループの内部監査では、彼らはハンコ自体の存在までを否定はしないが、たびたび、その使用上のセキュリティー向上について厳しく求めてくる。

ところで差異を尊ぶ文化といえば、私はイザヤ・ベンダサン氏が著書『日本人とユダヤ人』の中で「全員一致は無効」とする、かつてのユダヤ社会の掟を紹介していたことを思い出す。ヨーロッパ民族の個性志向的発想の一つとして大変印象深かったが、それに比べて日本人は多少の異論があっても全員一致を理想として、なんとかまとめようとする傾向があるのではないだろうか。これは我々農耕民族が集団理論に起因する類型化・同調化志向を有していて、個性を潰して全員一致することが共同作業上おしなべて都合がいいことを無意識、根源的に知っているからであろう。

ただ、このような農耕民族的発想に起因していると思われる社会問題が、私には最近やたらと目につく。例えば「学校のいじめ」である。日本の学校ではなぜ他人と違う個性を持った子が、いじめの対象になりやすいのだろう？　いじめのニュースに接するたび、むかし社会科の授業で習ったことだが、日本の農耕村落にかつてよくあったと言われる〝村八分〟という言葉が、あらためて思い出されてきて、まったく嫌な気分になる。プロ野球でもホームランバッターばかり揃えたチームより、強肩、攻守や俊足など多彩な個性を持った選手を揃えたチームが強いではないか。我々は各人が自分の個性にしっかりした自信と誇りを持って、集団や社会全体に貢献していきたいものである。

（10）中世騎士道とレディーファースト

今回はまず私には少々ほろ苦い、ＵＫでの経験談から始めたい。

その一、着任直後のオフィスでのこと。ジェーンはケンブリッジ出身の金髪・色白、ブルーアイ（いわゆるFair）の才色兼備の女性で、最初に自己紹介を交わした時は、これから彼女と同じ職場で一緒に働けることを、心より嬉しく思ったものだった。

そのハッピーな初対面から一週間もたたないある日、「カモン、ヒロ！」と彼女に呼び止められた。そして、この国で暮らす男性たちにとって〝レディーファースト精神〟がいかに大切なことであるかを、私にもわかりやすい噛んで含めるような英語で、こってりと彼女の部屋で説教されたのである。

何でも、先ほど廊下のコーナーで私がジェーンとぶつかりそうになった時に、彼女より先に私が通ってしまったことが原因であった。無論、私に尊大な気持ちなどはなかったのだが、「ゴメンナサイ」さえ口に出せなかった自分を反省した。思えばドアを開けて女性を先に通すことや、女性にはすぐ立って席を譲ることなどに私は慣れていなかった。それからはジェーンと会うと、その美しさにときめく気持ちよりも、学生時代の恐い生活指導担当の先生（現在の中高等学校にもまだいるのだろうか）に会う時の、あの緊張感がまず先行するようになって、当分の間はできればジェーンにオフィスで遭遇しないように祈ったものだった。

その二、家内（荊妻とまでは言わないが、この〝家内〟という表現も女性へのある種の差別用語なのかもしれない）と買い物に出かけた時のこと。私の方は手ぶらで、重たい買い物袋を提げた家内をうしろにして地下鉄に乗ったその途端である。目の前にすでに座っていた老イギリス紳士から、指さしされてまくしたてられた。早口のわかりにくい英語だったが、その表情から「いけない、また日本男児をやっちゃった」と私はすぐ反応したが、家内の方はその剣幕に驚いて小さくなっていた。

以上〝レディーファースト〟に関する二題であるが、日本男児には眩しくさえ感じる。このような西欧社会における〝レディーファースト精神〟は一体どこからくるのだろうか？

弱者をかばう騎士道精神が原型

そもそもキリスト教文化を底辺とする西欧社会における男女関係に関する私の理解では、〝男女役割分担説〟のスタンスを取るカトリック社会でも、〝男女平等説〟を取るプロテスタント社会においても、基本的には「レディーファースト」を生む考え方は見当たらないのだが、どうも新大陸アメリカで違った展開をしたのではないだろうか。

つまり彼らは伝統という拘束を受けずに〝男女平等〟の考え方のうち、「権利の平等」のみを極端に貫いたのである。その際「扶養の義務」の方の平等性については、女性側は担わず男性側だけに置き放しにしたのである。開拓時代の極端な「女性不足」も時代背景にあったのだろうが、ここにアメリカにおける「レディーファースト精神」が生まれたのである（個人的にはアメリカの男子諸子に深い同情を禁じ得ないのだが……）。

それより時代がずっと遡るが、ヨーロッパではどうだろう。この種の難問題解決には私の出番はない。以前に登場願ったオフィスの長老の博学先生〝ピーター〟に質問するに限る。彼の回答は中世の騎士道精神に突き当たるという。騎士道の徳目の一つに「騎士たるものいかなる状況下でも自分の意思で同意したあらゆる誓約に男の名誉をかけて忠実でなければならない」とあるそうである。寡婦、孤児、貧者、あるいは戦場の敗者などの弱者保護の徳目が、これにあたるとピーターが宣うた。

よくわからないが、西欧の騎士道物語で有名な貴婦人崇拝の心性も、この徳目が昇華されたものということだろうか。そして一二〜一三世紀にかけて宮廷社交界が成立してくると、あこがれの高貴な奥方に対する騎士の求愛と忠誠は、宮廷風恋愛といわれる新しい観念を生み、騎士道文化を開花させたそうである。でも高校時代に『アーサー王物語』を読んだが、私にはとてもではないが面映ゆくて〝ちょっとカッコイイが、ヤリスギ！〟の印象を持ったことを記憶している。

もっとも騎士道の方は功利主義の台頭と共に没落していくが、西洋の紳士道徳、特に女性に対する礼儀作法の中で、形を変えて生き延びていることは否定できない。そして確実に言えることは騎士道精神がもてはやされた時代ならずとも、現代においても弱い立場のものをかばう気持ちは継続して当然持ち続けるべきだろう。ただし気持ちだけでは意味がない。照れることなく勇気をもって弱者に尽くすべきである。

弱者といえばシェイクスピアが「弱き者、汝の名は女なり」とハムレットに言わせしめているが、これを女性が男性より弱い立場にあるという意味で用いるのは誤用であろう。私はこれは、やはり夫の戦後間もなく夫の弟と再婚した母への息子ハムレットの〝嘆き〟として受け止める。四〇〇〇年後の現代では女性はさらに強くなり、弱者の代名詞とはゆめゆめ思えないのだが……。

ころんでも家内に席を譲る老紳士

ところでこの中世騎士道精神の中の〝弱者の優先・保護〟精神が現代に蘇っている例をお話したい。

ヨーロッパを旅して日本と違う光景として特に気づくことは、“for the Disabled”の施設が徹底してたくさんあることである。トイレに始まって駅、美術館など公共の施設ではまず、その施設が完備している。またハードとしての施設だけでなく、ソフトとしての社会システム自体も充実しており、例えばＥＣ各国間を移動する飛行機では車椅子の乗客をよく見かける。ご老人や車椅子利用者の優先出入国や乗降、職員の手厚いアシスト……等、彼らが旅行に消極的になることなく、自由に出かけることができるインフラストラクチャーが整っているのである。

このようなことが日本にないとはいわないが、ハード・ソフトの両面にわたって、日本の方が比較して明らかに少ないと思う。ハードの充実に時間とコストがかかるのはわかるが、ソフト充実の最大のものは〝他人への思いやり〟で、今すぐ、誰にでも実戦できるものではないだろうか。

最後になったが冒頭の私の経験談に登場したイギリス老紳士について、もう少し御紹介しよう、彼は親切にも私にイギリス騎士道精神を説いた後、おもむろに立ち上がって家内に席を譲ったのである。まさに中世騎士道レディーファーストの実戦である。しかしである、老齢の彼は急発進する電車にバランスを崩してころんでしまったのである。それでも、慌てて席を立つ家内を制して毅然とする老紳士。私は可笑しさよりも中世の騎士の生き残りみたいな彼に惚れ込んでしまい、ますますイギリスが好きになったのである。

(11) 自由とコモンセンス

本節では「自由」ということについて述べたい。イギリス社会の特徴を表現する言葉の中に、よく聞く言葉の一つではないだろうか。しかしながら、そもそも自由ばかりが独自に存在する理想郷的な社会などはこの世にあるはずもなく、自由を語る時には必ずやその対局にある規律や自己抑制的な概念にも触れざるを得ない。

コモンセンスが自律性を生み出した

そもそも英国滞在中に私が最初に（表面的ではあるが）自由を感じたのは、ＧＷ社で仕事を始めるに当たり、まずは就業上の説明をしてくれるという人事担当マネージャーの部屋を訪れ、その話を聞いた時である。

まず第一に日本の会社ではよく見かける規則を詳細に記した、分厚い就業規則集がないのである。私の浅薄な知識でも、イギリスは多くの基礎法が不文慣習法の形式をとる国であることは知っていたが、そのイギリスに本社がある会社といえども、就業規則が不文慣習に基づくことに正直いって驚いた。言ってみれば就業上の規則がなく、自由に勤務して構わないというのである。それでも私は考えた。職場で一体何が不文慣習たり得るのだろうかと。

そこに浮かんできたのが、「常識／コモンセンス」である。私にとって、日本でもよく使うこの言葉を、単なる概念的認識ではなく具体的な行動様式として実体験したのは、不覚にも生まれてこのかたイギリスで生活するまでなかった。つまり「そんな漢字も知らないのは常識がない」とか「入社時の常識問題」などとよく使うが、これらは所詮〝知識〟としての常識である。しかしながら古くはアリストテレスに始まるという邦訳語「常識」の本来の意味は、英語の〝Common Sense〟にあるように、センスすなわち感覚／思慮／判断力で、いうなれば理性の動物である人間が持つ自然な〝知性〟なのである。

電車の中で携帯電話を使ったら発するコール音や話し声が、自分の体験として迷惑だと五感で感じてわかったら、自らは使わないことが「コモンセンス＝常識」というものである。つまり五感で経験したことに各人が判断を加えて、次の行動に反映させて暗黙のルールとしての不文慣習法が少しずつでき上がっていくのである。そして暗黙のこのルールは文句に固められた規則集より、皆の行動にある種の規律性をおびて作用する効果をもつのである。

ところで、小うるさい規則がないことを自由だと思えば実に自由そのものであるが、一見心地よい自由の裏に潜む自縛性について、もう少し付言したい。つまり自由の獲得と同時に、コモンセンスがイギリス人の心に自律性を生み出してきたごとく、イギリスの歴史の中でも「「英国国教会」の成立は旧教からの自由を求めて独立したものの（本当の理由は離婚を禁じるローマカトリック教会に反発したヘンリー八世の離婚問題が主因）、逆にそれが自縛的宗教としてある種の精神生活の自由を奪うことになったことを指摘したい。ごく単純に言えば、戒律が一見厳しいカトリックは教会内において厳かに神と接触するが、一旦教会の外に出れば自由に享楽的に生きていることは、ラテン系イタリア・フランス人たちを見ればわかる。

反対にアメリカに最初にメイフラワー号に乗って入植し辛苦に耐えられたのは、常に神が傍にいると感じ道徳的・自己抑制的に行動した新教徒たちのピューリタニズムがあった。自由民権／競争／恋愛……いろいろな自由を希求してきた人間の歴史をみても、自由だけがひとり歩きしないで、ある時は自律的に、ある時は自己抑制的ルールを人間が見つけたのはコモンセンスでもって、よりよく生きる方法を捜し続けてきた、他の動物には見られない人間の人間たる由縁なのかもしれない。

コモンセンスで得られた規律ある自由

人事担当マネージャーの説明で感じた第二点目は、多くをしゃべらないイギリス人が一見冷たく不親切に感じたことである。説明の言葉数が実に少ない。セキュリティーカードを手渡して、各フロアの概況図で食堂などの主要な施設を教えてくれたが、最初は当然右も左もわからなかった。しかしながら、生活者として数か月が過ぎて、当初の印象はあまり表層的で正しいイギリス人像でないことがわかってきたのである。まずオフィスを多少一人で歩くようになってから気づいたことだが、種々の標示が実に細かく親切なのである。これなら初めてオフィスを訪れる外来者でもよくわかる。説明不足ではなく、標示をよく読む余裕が当初私になかっただけである。このことはオフィス内に限らず外出しても同様である。

例えば駅では出発到着時間・ホーム・停車駅などの移動に必要な情報が提示・提供されており、不必要なアナウンスは皆無で実に静かである。エディンバラ駅で無音運動をやっていた記憶があるが、車内でも然りで〝禁煙〟の標示があったら禁煙に決まっているし、しつこい停車駅のアナウンスもない。日本の駅や電車内のアナウンスは、乗客をセンスのない子供扱いしているといわれても仕方がないのではないだろうか。相互間では暗黙に理解されていると判断されることを口にしない、イギリス人のこのような特徴もコモンセンスによって築き上げられたルールの一つかもしれない。イギリス人のこのルールは合理的で時間を大切にできるし、その分静かに思索ができる意義があるが、一方では彼らが一見冷たく不親切に映ることもあろう。確かにアメリカ人はおろか同じEU諸国の人たちと比較しても、イギリス人はどうも取っ付きが悪く、おしゃべりが少なくお世辞にもフレンドリーとは言いがたい。

以上のように、自由と一緒に考え合わせるべきコモンセンスはイギリス人の種々の特徴を作り上げ、同時に伝統的美徳とさえなっているが、芸術・文化の面にどのように作用したのか最後に述べたい。例外が多いことを前提に大変大雑把に言えば、ドイツ人には「音楽・哲学」、フランス人には「絵画・長編小説」そしてイギリス人には「短編・詩」に優れた芸術家が多い。詩は小説や哲学に比し、象徴的に美学を投げかけてくる一種の「省略の文学」である。決して理屈っぽくなく、わかり切ったことはくどくど説明しないで、人間相互の知恵に判断を委ねるイギリス人のコモンセンスが、詩作の分野で生かされているのではないだろうか。

つまりイギリスでは、あまりに感受性だけに頼る「音楽や抽象美術」も、逆に理屈でしつこく読者にせまってくる「バルザック風小説や哲学」も、いまひとつ華が開かなかった。理性の動物である人間が、自然に具えた知性すなわちコモンセンスで適度なところで寡黙に留める術を心得て、芸術・文化を自由に味わっているのである。

私のイギリス観は、表面的に一見した印象と、時間をかけて生活して確認した事実との間に大きな違いがあった。そして知識だけではなく、人間が持つ自然な知性であるコモンセンスの実践で得られた規律ある自由を、イギリス人との生活で謳歌できたことは、私にとって本当に幸せなことであった。

⑿　B／S国家とP／L国家

一度なりともイギリスを訪れた大方の日本人は、「イギリスは豊かだ」という印象を持って帰国するのではないだろうか。そして二度三度と訪問が重なった末に結局、〝英国心酔（アングロマニア）〟になっていくのをよく見かけるが、一体これはイギリスのどういう部分からくるのだろう。心酔ならずとも英国ファンの一人として、私自身の滞在経験から英国贔屓の心理の背景を分析してみたい。贔屓だから憧れだけでなくイギリスに抱いている心配も多少含んでいるのだが。

さて、私がイギリスでのサラリーマン生活の大部分を過ごしたＧＷのオフィスはロンドンの中心地から高速道路（M・4）を車で真西に三〇分足らず、距離にして二五キロメートルほど走ったストックリー・パークという所にあった。そのM・4を挟んですぐ南側にはヒースロー国際空港が広がっており、南向きの私の部屋からは色とりどりの各国の飛行機が、頻繁に離発着する様子がよく見えた。会社と空港との間にはM・4と数軒のホテルがあるだけで、大部分は牛や馬が草を食んでいる緑鮮やかな牧草地である。そして会社の建物の真下には一本の運河（カナル）があって、荷物や家畜の搬送もやっていたが、朝夕には交通渋滞に巻き込まれることなくボートでゆったりと通勤している優雅な社員も当時はいた。

このようにオフィスは極めて美しい田園的な景色に囲まれていて、職環境として申し分なかった。おかげで仕事の合間には何もしないで（というより正しくは暇だったので）、一日ぼんやりと窓外を見ていても飽きることがなく、まずは自然環境からしてイギリスの豊かさを感じて、すっかり英国贔屓になってしまったのである。

話が少しそれるが、都心から二五キロメートルといえば、東京の場合だと横浜や三鷹程度に位置するのだが、ロンドンの二五キロメートル圏では牛馬が飼われ、同時にそこにある国際空港から諸外国へ飛び立てるのである（ちなみに成田空港は都心から六〇キロメートルある）。同じ首都一つとっても日英の懸隔の思いを禁じ得ないが、それにつけても東京の生活環境はひどすぎる。

戦争に負けた経験なく負からの出発を知らぬ英国

それはさておき、東京と比べてまずはロンドンの自然や生活、職場環境の豊かさにまいってしまった私だが、職場で私が日々接する同僚社員たちにも感じた余裕や豊かさらしきものは、一体何だったのだろうか。やはり、そこには歴史的背景として裏側に潜んでいる日英の懸隔を感じたので次に述べたい。

端的に言えば懸隔の最たるものは、イギリスは日本と違って未だかつて、戦争に負けたことがないということである。日本のようなゼロはおろかマイナスからの出発など、経験したことがない国なのである。

イギリスの歴史はおもしろくて、とりわけ女王の時代にはいつも治世が長期にわたって安定し、当然、国力の蓄積もなされた。一六世紀のエリザベス一世は六六年間在位し、一九世紀のヴィクトリア女王は六四年、そして二〇世紀のエリザベス二世は現在四七年目を迎え二一世紀に突入せんとしている。

中でも、現代に最も影響を与えているヴィクトリア女王時代には、植民地が全世界にまたがり、コモンウェルスの全盛を迎えて実際に多くの国家的な富の蓄積がなされた。そして二〇世紀に入ってからは比較的、低所得者の労働組合を母胎に社会主義的スタンスをとる〝労働党〟が台頭し、福祉制度の改善を主張した。時のロイド・ジョージが老齢年金の支給や国民保険法を制定したりして、福祉国家政策の端緒をなした。

それから「揺籃から墓場まで」とよく言われるが、これは第二次世界大戦後にやはり労働党が掲げたスローガンで、イギリスの社会保障制度の充実を形容した有名な言葉である。

さて、このような社会環境下では国民は、どのように反応するだろうか。特に二〇世紀に入って、恒常的なインフレや相続税の倍増などの経済的背景があったりしたが、サラリーマンを中心にまず国民が貯蓄をしなくなったのである。そして、自分で貯蓄しなくても国が何かやってくれると期待して待っていれば、実際に何らかの社会保障をしてくれたのである。

当然、勤労意欲も低下する。貯蓄などする必要もなく、食いつぶせるだけの国家遺産を前世紀のヴィクトリア時代に蓄えていたといえばそれまでであるが、一方で一度身についた『貯金はしない、働かないで保障を待つだけの姿勢』ほど、偽政者にとってやっかいなものはない。そして、この国民的無気力性に大ナタをふるったのが、イギリス史上初の女性首相、あの鉄の女こと〝M・サッチャー〟である。彼女は一貫して、強固な保守主義を信念とし、あらゆる意味でのやる気のない国民にカツを入れたのである。やはりジョン・ブルは歴史的に、女性でしか活気がでてこないのかもしれない。

歴史が培った〝国格〟こそ豊かさの正体

ところで会社の事業成績を明確にする方法に、一定期間の収益と費用を表示するP／L（損益計算書）と、ある時点までの累計資産の状況を表示するB／S（貸借対照表）があることは知られるところだが、国の豊かさもP／LとB／Sの両面から計るべきものであるというのが、今回の私の結論である。

それで言えば冒頭に記した「イギリスは豊かだ」と感じる我々日本人は、無意識にイギリスのB／Sに感動していると思われる。つまり歴史上、敗戦を知らない今のイギリスは、一九世紀に最大化した蓄積資産をゆっくり味わい始めたら、喰いつぶしの地盤沈下を起こし始めていることに、二〇世紀のここ一〇〇年程かかって気づいたというところだろうか。

しかし、これは資産の中でも流動性が一番高いお金の話であって、資産にはこの他に固定制が高い自然・環境の価値もあって、こちらの方は文化保護協会（ナショナルトラスト）などの努力で、保存維持活動が盛んに行われているのである。さらにはB／S項目には計上できないが、会社の評価上重要なものとして、歴史や文化が作り上げる無形の〝のれん（グッドウィル）〟なるものがある。いわば会社なら「社格」、国なら「国格」といえるものであるが、この確立には長時間の精神・文化活動が必要だが、一旦でき上がるとそう簡単にはなくならない。イギリスに感じる豊かさの正体は、実はこの辺にありそうである。

第二次世界大戦によって日本は、元々少なかった有形無形の資産を大きくなくした。そしてB／S項目である素晴らしい自然環境までも犠牲にして、P／Lでは大きく下回るイギリスに対して豊かさを実感する、不思議な現象の原因をよく考え直してみたい。P／L向上にあくせくすることなく、不景気な時代こそ美しい自然環境や古来からある日本文化の素晴らしさをしっかり守って、充実したB／S国家を作っていきたいものである。

⒀　合理主義者と食文化

「台所の綺麗さと料理の美味しさは反比例する」そうである。そして世界中で一番台所が汚れているのは中国の家庭らしい。なるほど中国料理は美味しく世界中いたるところで大好評である。

それでは料理がマズイ、つまり台所がきれいな国はといえば、やはり料理の悪名高いイギリスだそうだ。何かと隣国フランスに対して対抗意識が強いイギリス国民も、こと料理に関しては白旗をあげており、確かにイギリスの一般家庭を訪問して感じたのだが、台所はあまり使われた形跡がなくていつもきれいであった。世界中ほとんどの国の料理が味わえる東京で、イギリス料理を標榜したレストランをほとんど見かけないのは、やはり不人気料理の証かもしれない。

アングロマニアの端くれとして、この実態は実に残念なので不評のイギリス料理に少し弁護を試みたい……といってもまずいのはやっぱりまずい。日本料理をこよなく愛する私だが、私見を述べて料理に関する懸隔を指摘したい。

ともあれ、まずオフィスでの食事情景を簡単に紹介しておこう。建物ごとにある社員食堂（Canteen）で好きな料理をトレイに取って、レジでお金を払ってテーブルにつく。九三年当時で一ポンド（二二〇円程度）あれば十分おなかいっぱいになったが会社の補助がかなりあったのだろう。

メニューはシンプルでメインディッシュとして肉と魚から選択したら、サイドサラダ、デザート、飲物などは好みに応じて好きなだけ取るのだが、およそ盛りつけ方などが気になる食事ではなかった。またサンドイッチを部署共有のテーブルなどで食べて、効率的にすますことも多かった。

一緒にいただく飲物はさすがイギリスでいろいろな種類の紅茶がセルフサービスで自由に飲めた。お茶といえば役員にはティーレディー（黒いスーツに白いエプロン姿の上品な中高年のイギリス女性が多かった）がいて、朝・昼・ファイブオクロックティーや重要会議等にサーブしていたが、これがまた不思議とイギリス的な絵になっていて、彼女たちも仕事に誇りをもって勤めていた。

それから役員・上級職員用の食堂が別になっているサイトもあった。また国際会議等のあとは恭しいフロアサービスがついた式典的な晩餐がよく開催された。

お世辞にも美味しいとは言いがたい英国料理

さて私は食物に好き嫌いがなく何でも食べられるが、イギリス料理の味付けにはお世辞にも美味しいとは言いがたかった。例えばイギリス名品キドニーパイ。日本語に訳して「腎臓パイ」なんて聞いただけでもゲーッといいそうな代物だが、彼らは小羊などの腎臓から立ち上がる、あのアンモニア臭がたまらないというからかなわない。臭いからといってキドニーパイを日本版クサヤと単純にいえないのは、家庭料理ならずとも高級レストランでもかなり国民的イギリス料理として、これが認知されているからである。

それでも救いがあって料理の食材としては超一級品なのである。例えば海産物では、蟹・牡蠣・サーモンなどいずれも新鮮で、あのハロッズデパートにはこれらの生食コーナーがあって私は行けなかったが、ワインと一緒に食することができて観光客には人気が高い。また大衆向けにはタラ・オヒョウ・ヒラメなどの切り身を揚げたものにフライドポテトを付けた「フィッシュ&チップス」が日本人観光客にも好評であるが、なにしろ材料の白身魚が新鮮で安価なのでソースなど無用で立ち食いして実に美味しい。

肉もアンガス牛やヨークシャー／ハンプシャー豚などはいずれも生産地の名前が付いた国際的ブランド肉である。仏料理に不可欠のドーバーソールは主にイギリス産だし、あのエスカルゴだってイギリスの田園地帯には豊富にいるそうだ。

つまりひいき目にみれば、材料が良すぎるので下手な料理の味付けやソースは食材の本来のうまみを損なうのである。イギリスは美味しい食材が豊富な国であることをここでは強調しておきたい。

瞬間的・刹那的快楽には価値観を認めない

ああそれなのに、イギリス料理はなぜあんなにまずいのか？

その要因は国民の価値観の置き方にありそうだというのが私の結論である。皆さんは「衣・食・住、何に贅沢したい？」という質問をされたご経験はないだろうか。もしこの質問をイギリス人にしたら「食」と答えるイギリス人はまずいないのではないか。では何に贅沢するのだろうか、データがないので私の推測だが、まず大部分のイギリス人は「住」、それも何年も長持ちする裏庭付き住居を得るためには贅沢と思える投資をするのではないだろうか。

住に関連していえばタペストリーなどの置物調度品も実に大切にし、時にはヘリテージとして家ごとナショナル・トラストの保護のもとに寄贈したりする。また彼らは家紋・シンボルでその人の祖先を見極めたりするので、家柄素性もすぐばれてしまったりする。貴重品の掘り出しで話題を提供しているお宝発見探偵団の元祖は、ＢＢＣ放送の超ロング＆ポピュラー番組だという。

また「衣」に関してはバーバリーやアクアスキュータムに代表される有名ブランドもあるが、これらは湿潤な気候のためやその他実用的なニーズから丈夫で長持ちするコートを創り出しただけであって、時代に敏感な流行性のファッションに関する美意識は、フランス人やイタリア人の方がずっと長じていることに大方異論はないであろう。

さてこのようなイギリス国民の価値観は、いわゆる現実的な合理主義者としての優秀な科学技術者を数多く輩出した。例えば蒸気機関の発明が他国に先駆けて産業革命を推進して圧倒的な経済的優位性を確立したのである。パリよりも四〇年早く、日本でいえばちょんまげ・帯刀の江戸時代末期には、ロンドンではすでに地下鉄が走っていたことには驚くかぎりで、生活の利便的快適性を求めることに価値観を置く国民には大いに満足であったろうし、同時に他国に対して優越感を味わったイギリス人が目に浮かんでくるのである。

これらを裏返して言えば、彼らは瞬間的・刹那的に形がなくなる快楽にはあまり大きな価値観を認めないということである。つまり芸術面でいえば形として残る建築・文学・絵画・映画……の領域をイギリス人は好む。料理すること自体も立派な芸術活動だろうが。その目的達成（満腹）時に形がなくなってしまうことに対して、魅力を感じないのだろう。また音楽も演奏と同時に影姿がなくなる芸術であり、これは音楽ファンの一人として個人的な意見であるが、音楽を聴いている時に感じる至福間美味しいものを食べている時に感じるそれに大変似ていると思うのだが……。

そういえばイタリア人がのたまう「マンジャーレ（食べて）・カンターレ（歌って）・アモーレ（愛して）」。私は、はかなくすぐ消え去ることがわかっていてもこれらの快感を求めて止まらないエピキュリアンのラテン族も、合理主義的なアングロサクソン民族も両方とも好きな変な日本人なのである。

(14) 伝統と奇抜

もし○×問題で「イギリスには伝統的なものを大切にする国である」という設問があったら、正解は多分○なのだろう。確かにイギリスには伝統的なものがたくさん残っている。一方×をした人は残念ながら希望の学校や会社に不合格の烙印を押され、現代の日本では希望する人生が大きく変わってしまうことさえあるのではないだろうか。こんな○×問題一つで人生が変わってしまう学歴社会自体が何よりも問題であるが、私も○×二者択一の正解を求められたら仕方なくこの場合は○とするだろう。

しかしながらこの設問の記述自体の不完全性は問わずとも、回答は○×式ではなく、記述式の方がふさわしいと思われる。回答（正解ではない）の一例として私なら以下のような記述をして冒頭の設問に答えたい。

当初のままを残すイギリス型遺産保存

そもそも一口に伝統的なものといっても、建築物や骨董品など目に見えて具体的に存在するものと、信仰・思想・芸術・学問などの中心をなす、目に見えない精神的なあり方をさすものの二面があることを忘れてはいけない。

まず目に見えるものとしては、確かにイギリスを旅していて至るところにあるヘリテージ（遺産）の多さに驚く。この背景には約一〇〇年前にたった三人で始まった「ナショナル・トラスト」という民間の歴史・自然保護のための団体があって、「一人の一万ポンド」を合い言葉に現在、約二二〇万人以上の会員が、後世に残したい伝統的なものを大切に保護管理していることがあげられる。

イギリスのこの運動が先鞭をつけて、アメリカやオーストラリアなど世界各国に広まったのだが、残念ながら日本では「環境募金」や「知床一〇〇平方メートル運動」といっても知っている人、まして参画している人は少ないのではないだろうか。それもそのはずで後世に残したい自然や建造物などは、おおむね利殖の格好のターゲットになってきたのが戦後日本の実態である。

したがって「日本にだって明治村があるじゃないか」の反論諸子に簡単にお答えすれば、「明治村」のヘリテージ保存の哲学は「ナショナル・トラスト」とあえていえば正反対なのである。

つまり「企業が営業目的で歴史的遺産を一か所に集めて展示している」のが日本型。「多くの国民がボランティアのお金を出し合って当初のままの生活を残している」のがイギリス型の遺産保存なのである。

歴史の古さでは、無論ギリシャやイタリア等にはかなわないが、実生活との密着性を考慮した遺産保存の面で、イギリスのケースは世界でも群を抜いてうまくいっていると私は思う。このように日本の遺産保護とイギリスのそれを比較するまでもなく、冒頭の設問にはやはり〇が正解だろう。次に精神的な側面から冒頭の設問を検証したい。実はイギリス人は伝統的という概念からはおよそ想像もつかない奇抜性に富んだ突飛なことを歴史的にたくさんしでかしてきたのである。

反伝統的ユニークさで全世界的に大きな影響や衝撃を与えたこととして、例えばニュートンやダーウィンの画期的な学説提示、試験管ベイビー、クローン羊などの科学技術の展開、また風俗や流行においてもトゥイギーのミニスカート、ビートルズ、パンクやリージェントファッション等々、いずれもアメリカやフランスから起こってもおかしくないような気がするが、これらの発信基地はいずれもイギリスであることには、首をかしげたくなる。

また君主制をしている国は世界中に多々あれど、イギリス王室が最も反伝統的でスキャンダラスではないだろうか。シンプソン夫人との恋を貫いて王位を捨てたエドワード八世、ありし日のダイアナ妃などの行為に対して国民は拍手喝采をおくった。このようにイギリスの出来事は一見「伝統を大切にする国」から程遠い。さすれば正解は×でもよさそうである。

伝統に反作用する英国の奇抜性

それでは、伝統と奇抜の間を行ったり来たりする、イギリス人のこの可逆反応的な行為は一体どこからくるのだろう。化学反応式ではないけれど、中学の物理の実験で習った「作用反作用の法則」を今私は思い出している。壁を押す力が強かったら強い分だけ同じ力を壁から感じるというアノ法則である。

つまりイギリス人の奇抜性は伝統に対する反作用ではないだろうか。したがって奇抜さの裏側にはイギリス人の頑固なまでの保守伝統主義へのこだわりが見え隠れするのである。

そういえばGWのオフィスに、いつも見るからに古い衣類や持ち物などを総身につけている一見オジサンがいた。伝統に徹底したそのスタイルがかえって奇抜に映るのである。それが行き過ぎて同僚からは“Inverted Snobbery”（行き過ぎた紳士気取り）とまで言われていたが、僕は伝統主義にこだわる彼のことが大好きだった。結果として奇抜な彼の様子は、昨今の日本の若者と相通じる面があって、年齢に関係なく日英の懸隔は、あまりないように見えるかもしれない。

しかしながら、イギリスの変なオジサンと日本の若い人と比べて大きな違いが二点あることを、ここでは強調したい。その一は伝統的な過去から遊離断絶して奇抜さだけを求めていないこと。第二点は周囲の流行を真似て乗り遅れまいとする集団的行動にはない、自らの強い信念があることである。やはり彼はルーズソックスの女子中高生とは大違いなのである。またアンチテーゼとしての奇抜性が続出してくる背景として、これは以前本シリーズで述べたことだが、彼らにはやはり弁証的理論展開の「正・反・合」の思考法が骨の髄まで強くしみこんでいるからではないかと私は考える。

過去からの伝統的存在の『正』に対しては、必ずその（正）をベースにしたアンチテーゼの『反』を生み出すのである。当然アンチテーゼ（反）はいわゆる奇抜な存在だが、コモンセンスに裏付けされたその時代の評価に揉まれて、また新しい価値観の『合』が創造されていくというスタイルを取るのであろう。

さて先に日本の若者の奇抜さの中に認められる一過性ということについて負の面を少し強調して述べたので、最後に日本古来の俳諧芸術に、その本質をとらえるための理念として、芭蕉が提起した教えがあるのでそれを紹介して終わりとしたい。『不易流行』である。

〝不易〟は時代の新古を問わず不変なるもの、〝流行〟は時々に応じて変化してゆくものを現す。少し大胆だがこれを「伝統と奇抜」に読み変えて述べれば、両者（伝統と奇抜）は本質的に対立するものではなく、両者各々を真に徹底して追及していけば、おのずから相手に通じると言われている。

私は、時代を超えて変わるものと不変なものが混在して混迷を極める現代にあって、「時代の先を読む」ということは、とりもなおさず不易を見抜くことではないかと強く思う。でもこれは言うは易く、行うには大変難しいことである。

⑮ イギリス流外交術

「イギリス人の印象は?」と問われて「気取っている、非社交的、堅苦しい……」などと考える人が、結構多いのではないだろうか。人の好みは十人十色でいろいろあるだろうが、これらの表現はどちらかと言えば、相手に好印象を持った時に使う言葉ではない。

確かにヨーロッパを旅していても、アメリカ人やラテン系の国の人たちに、気軽に声をかけられて明るい気分になれるのに対して、イギリス人はまず積極的に声を掛けてこなかった。旅先で会う彼らは、大部分が〝お澄ましさん〟で一見冷淡に見えたし、時として外国人に対して一種の嫌悪感でも抱いているのではないだろうかとさえ思えることがあった。

ところがオフィスで同じ時間を共有して初めて、彼らが心底から外国人嫌いでも冷淡でもないことがわかった。現実にたくさんの外国人（私自身も彼らから見れば極東から来た変な外国人であった）が友好的な雰囲気の中で、効率的に仕事に携わっていた。

このような良好な外国人との関係を、東京に本社を置く日本企業のオフィスで作り上げるには、グローバリゼーションが進んだ昨今、各社とも結構苦労されているのではないだろうか。

ここでは、大方には外国人嫌いとか非社交的でシャイなどと言われている一方で、フランクに差別することなく外国人を自分たちの社会に受け入れていく、懐深き「イギリス流外交術」について私見を述べたい。

話の順序としては、古きに遡るイギリス人の「フランク外交」の背景から日英の歴史的懸隔を考えてみたい。

歴史その一。今の大ブリテン島はそもそも、ケルト人が先住していた土地にアングロサクソン人が入り込み、その後ローマ人の常駐時代もあればノルマン人に征服された時期もあったりして、イギリス人自体が元来ヨーロッパ民族混血の成果といえる。

歴史その二。イギリス王室の初代国王とされるウィリアム一世は征服王の名が示す通り、一〇六六年のノルマンコンクェスト後の王でノルマン人であり、ヴィクトリア王女の子孫は現在のEU各国で広く活躍している。さらにはアメリカ女性と再婚した国王（エドワード八世）もいれば、今の王室だって、そもそもその出は独ハノーバー朝である。このように、その出自においてイギリス王室は日本の皇室に比して極めて国際的多様性に満ちている。

歴史その三。イギリスは一九世紀ヴィクトリア女王時代にその最盛期を迎えるが、特に植民地政策では女王がインド女帝を兼ねたりして、規模的にも最大化し国として巨万の富を得る。

このようにイギリスの居住民族、王室の家系、植民地政策などの歴史的事実を見てわかるように、国際性という観点でイギリス人は同じ島国の日本人と比較にならないほど秀でており、同時に諸外国に対する免疫性や抵抗力も備えているといえる。

このような日英の歴史背景的な懸隔を知る限りにおいて、イギリス人が外国人嫌いだとは考えにくい。

「不即不離」の基本

ところで、これらの歴史的事実の中で国民性が能動的に発揮されるのは、やはり植民地政策ではないだろうか。例えばスペインのそれが強圧的、残虐的に南米を中心に殺りくと収容を行ったのに対して、イギリスのそれはきわめて巧妙だったと言われている。力による弾圧を避けて平和的手段で、植民地支配の構造を造り上げた。「穏やかな寛容性」を常に携えているのがイギリス人である。

もちろん、常に武力を背景にした平和的統合であることは否めないが、やはりイギリス人は血をみることが嫌いで、銃よりネクタイを締めたまま植民地を統治して、得るものは得るというイギリス流外交術に長けたイギリス紳士がたくさんいたのだろう。

このように近代におけるイギリスの発展は、植民地の現地民族との接触を抜きにしては成り立ち得なかったわけで、それこそ外国人嫌悪症などと言っている暇はなかったはずである。

その植民地の最大化を国として成し遂げたヴィクトリア女王は一九〇一年に逝去、長男エドワード七世が膨大な富を引き継ぐことになった。俗に言うエドワーディアン時代の幕開けである。ちなみにEdwardianには本来の形容詞「エドワード七世時代の」という意の他に「裕福さを反映した華美で上品ぶった人」という名詞がある。

二〇世紀初頭にヴィクトリア女王の遺産を享受して、豊かに暮らしているイギリス人の様子がありありと目に浮かんでくるではないか。気取りたくもなるだろうし、外国人に自分たちの豊かさを邪魔されたくなかったのだろう。

そして、これはこれまでたびたび触れているように、イギリス人は自分の世界としてのプライバシーを大変大切にする国民である。自分も干渉しないから誰からも干渉されたくないという、言ってみれば「不即不離」の観念を基本的に備えている。またお互いの個性を尊重する国民でもある。

その結果、当然のことだが、お互いの接し方としては「干渉せず、差別せず」が基本スタンスで、これは個人の人間関係のみならず国家間の外交政策上も、おおむね同様の傾向があるので今後のイギリス外交に注目されたい。

このような「干渉せず、差別せず」のイギリス流外交基本路線は、日常の外国人に対する接し方においても顕著に現れる。つまり外国人だからといって特別の配慮をしないのである。私はオフィスでも近所付き合いにおいても、彼らの様子が最初は冷淡に思われたのである。

しかしながら奇妙なことだが、差別をされないで扱われることは、自分が外国人であるという過剰な意識から自然に解放されて、大変救われた思いをしたのである。彼らが不親切だというのではない。ヘルプを求めたら実に親切に答えてくれる。ただ人間を最初から差別したり、区別しないだけである。

私は初めてロンドンで暮らし始めたときは土地勘もなく英語力もお粗末で、いわゆる「見えず・聴けず・喋れず」の三無い苦を背負っていたが、彼らの私に対する接し方は、特別に差別するやり方ではなかったことが、大変ありがたかった。立場を変えて考えれば、身障者の方に自分が随分間違った接し方をしていたことを思い知らされた。イギリスではお節介は基本的に不要なのである。

(16) フェアプレーと残虐性

「ウィンブルドン現象」

私が帰国後もイギリスでグループのファイナンス部門の会議があり、ロンドンに出張する機会が多かった。現在、このような連載をしている私の立場には、最近のイギリスを実際に見聞することは大変貴重なことである。基本的には、今までの自分の印象を再度強くすることが大半であったが、逆に印象を改めたり新たに抱いた印象も少なくなかった。

さて六月末のロンドンは、ウィンブルドンテニス大会に湧いていた。一二二年という世界最古の歴史を持つこの大会、今年は男女ともアメリカの選手が優勝したが、地元イギリスはといえば、実に六三年ぶりの優勝奪回を目指した男子シングルスのベスト四が最高であった。

他国に活躍の場所を提供するだけに終わる時に用いられる「ウィンブルドン現象」は、残念ながら今年も文字通り健在というところであった。今回はウィンブルドン大会に興じる彼らを見て感じたことから、イギリス人のスポーツ観とその背景にある意外な面について、日英の懸隔として述べたい。

「ウィンブルドン現象」は本来、金融株式市場の話らしいが、元祖のイギリスが他国にお株を奪われるという意味では、何もテニスに限ったことではない。イギリスをもって実質上の始まりとするスポーツには私が知っているだけでも、サッカー・ラグビー・ゴルフ・テニス・クリケット・ポロ・バドミントン・ホッケー……と数え切れないが、この中でイギリスが創始国としてチャンピオンたるものは、人気や浸透性の点でかなり世界的にマイナーなクリケットくらいで、その他ではイギリスはあまり目立たない存在ではないだろうか。

もっとも「ウィンブルドン現象」は日本の国技にも見られるが。

さて、イギリス人のスポーツ好きが、先述したように多くの種類の競技スポーツを生み出したが、実際に会社でも、社員の多くがいろいろなスポーツを楽しんでいた。事業所対抗のクリケット、アフターファイブのテニスやゴルフ大会等がよく催されて、仕事中もその話題でもちきりのこともたびたびであった。

ここでいうスポーツを楽しむとは、英語で表現するときに“PLAY”という動詞を使う、競技を楽しむことが主である。例えばスキー、水泳、ボクシング、柔道などの一人で行ったり、あるいは一対一の格闘技には原則動詞の“PLAY”を用いない。“PLAY”にはスポーツを通じて自分の役割を演じるとか、相手とコミュニケーションをとり合ってエンジョイする意味合いが強いのだろう。

ところで、スポーツという言葉一つにも日英の懸隔があって、英和辞書で引けば「（貴族・地主階級の）気晴らし・なぐさみ」の項がある。スポーツとは何も肉体を使うことに限られなかった。退屈な日々にあって精神的にも気晴らしになればいいのであって、例えば（個人差があるが）ギャンブルなどは気晴らしできるものの一つである。確かにイギリス人は全般に何でも賭けの対象にしてしまう傾向がある。各国の競馬はもとより日本の相撲や高校野球にも、ロンドンのベッティング・ショップで賭けることができるし、私がいたころはチャールズとダイアナの離婚問題が賭けの対象になったりした。保険会社として古い歴史を持ち、世界的に有名なロイドグループ自体も、そもそも一七世紀に東インド会社から本国に送られてくる船舶荷物の安全性に関しての賭けが、その起源だというからおもしろい。

また、中には残虐な点で動物愛護の観点から問題となる賭けもあった。例えば「熊いじめ」

「ねずみいじめ」などの賭けは、話には聞いたが残酷なのでここでは説明を差し控える。日本にも闘鶏・闘牛などがあるが、この世に存在するもの皆に生命があり殺生を嫌うというような東洋の仏教的思想の影響を受けて育った私は、どうも血を見るのが嫌で、イギリスの賭けの対象がずっと残虐だというのが偽らざる印象である。

人命を賭けたフェアプレー

残虐性といえば捕鯨問題で目くじら立てる欧米女性も、第二次世界大戦後まもないころのアール・デコ運動で、動きやすさや着心地に衣装の重点を置くようになるまでは、彼女らの体を締め付けていたコルセットの材料として、大部分は鯨の骨を使っていたそうだ。各国とも、その時代時代のご都合主義の主張を繰り返していることを否めない。

そのような賭けの中で歴史を少し遡って究極の賭けはと問われれば、現代ではとても考えられないが、何と言っても人間の命を賭けの対象にしていたことではないだろうか。そして人命を賭けるに当たり、賭ける方も賭けられる方にも同じコンディションで、フェアなルールが絶対的に求められたのは、当然のことである。

そこに「フェアプレー精神」が生まれたのである。「フェアプレー精神」は、どちらかと言えば人間として気高くあらんとして、倫理観・道徳観などの領域から生まれたものばかりと思っていた人にはショックだろうが、むしろ命賭けのスポーツをフェアに行うために、必要に迫られて生まれたものであることを理解すべきである。

またスポーツに内在する〝気晴らし〟の意味では、賭けに劣らずイギリス人の間でポピュラーなものとして狩猟が挙げられる。これとて仏教思想からみれば殺生なことだが、彼らは捕獲される獲物をゲーム（Game）と呼ぶ。まさに気晴らしや楽しみの一つであるという感覚が強く伝わってくる。またゲームの中でも正式に捕獲・殺生を公認された動物を特別に「フェア・ゲーム」と言うが、こんなところまでにも、我々には清らかなという意味合いを強く感じる〝フェア〟という言葉が使われているところに、やはり我々日本人とは、感覚が違うなという印象を禁じえない。

ウィンブルドンの話からスポーツ、その中でも特に〝気晴らし〟の要素を掘り下げてみたが、縷々述べたようにイギリス人にとっては、我々日本人がスポーツという言葉から受け止める印象とは、かなりかけ離れたものがあることがわかる。そして「賭け・残虐性・フェアプレー・狩猟……」などそれぞれが一見、対峙する概念のように思えるこれらの言葉が実は、スポーツを通じて歴史的にも深い相互関連性を持ち合っていることがわかる。そして、これらの言葉の点と点を結んで線を描いて結べば、おもしろい面ができ上がってイギリス人の意外な一面が浮かび上がってくるのである。「点と線」は日本の推理小説のタイトルだけに止まらずおもしろい。

(17) 三国旗

日本の国歌・国旗に関する法案が国会で正式に法制化された。

この件に関する個人的な意見を最初に述べれば、議論は法制化で終結したのではなく、真の目的である「いかに正しい歴史的認識に基づく教育を徹底して、真の意味での愛国精神を醸成していくか」という面で、我々は国歌・国旗について新たな議論の出発点に立たされていると思う。

さてイギリス滞在中の国旗にまつわる話でいつも思い出すのは、会社の同僚で熱狂的なサッカーファンに連れられて観たイングランドとスコットランドの試合である。あの有名なウエンブリー競技場超満員の六万人余の観客が真っ二つに分かれて、それぞれの国旗を振って応援した。それまでは赤十字が、イングランドの国旗とは露しらない私であった。

両チームの対戦はインターナルテストマッチと呼ばれて、国際試合として認定される。UK

を構成するイングランド、スコットランド、ウェールズ、ノースアイルランドの四か国は、国際的には独立国家としては認められていないが、ラグビーをはじめほとんどのスポーツの国際試合では、単独の参加が認められるという甚だ奇妙な存在なのである。同じ国同士なのに、観客は自分が生まれた国の別々の旗を振って応援した。選手も自国の国花を胸に刺繍したジャージを着て、祖国の名誉にかけて試合をするのである。

なおイギリスは、サッカーのワールドカップサッカーには連合王国（United Kingdom）を構成する四つの国である、「イングランド・スコットランド・ウェールズ・北アイルランド」それぞれが別々に参加するのに対して、オリンピックにはグレートブリテン（GB）として一か国で参加する。この裏には長い歴史的経緯とスポーツの発展や国際ルールに基づくものがあって、それぞれの地域のアイデンティティーを尊重し合う文化的・政治的なことが影響している。多様性をお互いに認め合いながら心を一にして国際社会で活躍するイギリスの特徴的な底力を強く感じることができる。詳しくは第三章「イギリス人の底力」で考察する。

ところで皆さんは、正確でなくてもイギリスの国旗がユニオンジャックと呼ばれていて、それがおよそどんなものかはご存知だろう。でも、その由来となると、日の丸でさえ不明なのにユニオンジャックとなれば、甚だ不安になるのではないだろうか。当然のことである。冒頭から少し長くなるが、国旗に関しては日英の懸隔が顕著なので、まずはユニオンジャックのウンチクから始めさせていただきたい。

ユニオンジャックはイングランド、スコットランド、アイルランドの三国の旗の組み合わせである。この三国は連合王国を形成しているが、それぞれの国には個別の守護聖人が定められていて、各々が個々の旗（シンボル）を持っていたので、この三つを併せたのである。つまりイングランドは聖ジョージの白地に赤十字、スコットランドは聖アンドリュースの青地に斜め白十字、アイルランドは聖パトリックの白地に斜め赤十字の各シンボル旗を全部取り入れて、一つにしたのである。

ただ、これは私の想像だが、イングランド人は白地が減ったといい、スコットランド人やアイルランド人はクロス十字が中央で断ち切られた……など、愛国精神に起因したブツブツ文句は大なり小なりあったのではないだろうか（なおウェールズはイングランドとスコットランドの同君連合が成立した一六〇三年にはすでに、イングランドに併合されていたので、ユニオンジャック論争の参画資格はないが、UKの他の三か国と対戦する時は、自ずと黄色の地に翼を持った竜のマークの旗を振って応援する。これがまた迫力満点なのである）。

脱線ついでにおもしろい話がある。一昨年の第二次大戦休戦記念日の行われた英国国防省での式典で、国旗が上下逆さま（表裏反対）に掲げられた話である。ほとんどの人が、ユニオンジャックは日の丸同様に上下左右が対象だと思われているだろうが、北アイルランドのレッドクロスは表を上にして見れば左回りに少しずれているので、ユニオンジャック旗が正しく掲揚されているかどうか、すぐわかるそうである。愛国心の賜といえばそれまでだけど、上下の間違いの発見者は多分、北アイルランドの出身の人だったのではないだろうか。それに対する当時のブレア首相のコメントが「逆さまも問題だが、国旗自体がボロボロで驚いた」だったとか。とても日本の首相には望むべくもないイギリスらしいウイッティーかつユーモラスなコメントである。

さて元に戻ろう。このように国旗の成り立ちに関していえば、何もイギリスだけにあるものではない。欧米各国の国旗を見ても仏革命時に生まれた自由・平和・博愛を象徴するトリコロール・フランスの三色旗、独立当時の一三州を表す一三本の紅白横線と州の数を表した星からなるアメリカ合衆国の星条旗、イスラエルのダビデの星（ヘクサグラム）など、史実に基づく説得性の強いフラッグ・ストーリーがほとんどの国にある。だからといって日本人の日の丸に対する帰属意識や愛国心が薄いなどという気は毛頭ない。各国独自にいろいろな歴史を経て、今日の国旗があるのである。

「日の丸」は島津斉彬の提案

日本の場合はといえば、国家としての歴史は古いものの、明治維新までは鎖国に象徴されるように国の代表を標榜して、諸外国に出かけることもなかった。それが幕末に諸外国が開国を求めて来日するに至って、わが国の国旗を対外的に明確にする必要性が外から否応なく生じたのである。しかも、その時の決め方が一地方藩主である島津斉彬の提案を受け入れて「日の丸」に定められたのである。日の丸はその後、歴史の荒波に飲み込まれることになるが、明治政府も国旗を定める必要から商船規則で規格を制定したりして、次第に国内外に定着していった。特に戦争時の軍旗として戦艦、戦闘機などの日本国のシンボルとして使用された。第二次世界大戦は軍国主義復活排除の観点から一時、国旗掲揚が禁止されたりしたが、結局GHQによって国内での国旗の自由な使用が認められた。しかしながら先述した如く、日の丸は明治初期に商船規則としての太政官布告に依拠する慣例的な扱いがその基礎となっているため、国旗としてのアイデンティティーが不明確なのは否めないことである。

もっとも日本で国旗が登場する現状はと言えば、教育現場における混乱は憂慮されるものの、ワールドカップサッカー大会などで日頃は愛国心なぞみじんたりとも感じたことも（多分）なさそうな若者が、「ニッポン・チャチャチャ」で熱く燃えているのがすぐに思い起こされるが、戦争で打ち振られる時とは大違いで平和といえば平和である。しかしながら一方では、日の丸を見て、戦時中の出征兵士や特別攻撃隊を思い出して肉親の死を嫌でも思い出さなければならない方も、まだたくさんいらっしゃるのも事実である。日の丸にまつわる国民の思いは千差万別だろう。

我々は日の丸を見るのがつらい思いを二度と繰り返してはいけないが、現実に国歌国旗法案成立の記事の横に、五四回目の長崎での被爆慰霊祭の記事が掲載されていた今年の八月九日には、大変複雑な思いをしたものである。

⒅ イギリス的ユーモア

唐突だが、ドイツの文豪ゲーテが残した幾多の名誉の中で、私にとって印象深いものの一つに、「人は何を滑稽と思うかによって、なによりもその性格がわかる」というのがある。

どちらかといえば人間の根源を追い続けて、深刻かつ悲劇的に人間をとらえた作品や言葉が多いと思われているゲーテであるが、彼の本質にはこの言葉に見られるように、ある種のオプティミスティックな側面があるのではないだろうか。そこで今回はゲーテのこの言葉に従って、イギリス人が何を滑稽と感じて笑うのか考えてみることによって、イギリス人の国民性を推し量ってみたい。

ところで〝フランス小噺〟や、〝ユダヤ人のジョーク〟等のように、国の名を冠して滑稽な話を集めた本をよく見かける。読んでみて確かに各国の国民性がよく出ていておもしろいが、それに相当する〝イギリス的XX〟なるものが一体あるのだろうか。まずは「滑稽な」という言葉に込められたイギリス人の心情を知るには、和英辞書を開いてみるのが手っとり早い。Funny／Humorous／Comical／……たくさんの形容詞が並んでいるが、彼らは日常生活の中でこれらの言葉が持つ微妙なニュアンスの違いを、使い分けているのだろう。我々にも明らかに言葉の意味・違いが理解できるものもあるが、多少は言葉の背景を知った上で理解した方がよさそうな言葉に〝Humorous〟が挙げられるのではないだろうか。ゲーテ先生の言葉を拝借すれば、「Humorousが見えればイギリスが見える」ということになりそうである。

大人の精神性

そもそも〝Humor〟（英語本来の発音はヒューマーであるが、明治の文豪あの坪内逍遙が初めてユーモアと使って、爾来定着化したそうなので以下「ユーモア」と表記する）という言葉の語源が、人間の体液を表すラテン語であることは、多少なりとも英語を学んで辞書をよく引いたことがある人ならご存知の方が多いだろう。そして古代ギリシャ人で医術の父と称せられるヒポクラテスは「ユーモア（体液）」には四種類あって各々の混合度合いによって人間の気質が決定される」と考えたのである。この「体液気質論」はそもそも中世から近代にかけてのイギリスで広く信じられるようになり、さらにヨーロッパ諸国にも影響を与えたようである。このへんの事情に関心をもって英和辞書で言葉を引いていたら、ギリシャ時代まで思わぬタイムスリップができておもしろかったので、少し横道にそれて「体液気質論」を簡単にご紹介したい。

この説によればまず人体の四種類の体液とは「血液／粘膜／胆汁／墨胆汁」で、それぞれは「火／水／風／土」を象徴する。その結果、各体液は「活動的／粘液質／短期／憂鬱」な気質をつくり上げ、体液の混合バランスが崩れたら気質の上で変人になるというのである。何だか中国古来の「陰陽五行説」に似ているが、自然現象を人間の存在に結びつける思想は、世の東西を問わず昔からあったのだろう。そこでちなみに“Melancholy”を引いたら説明の最後脚注に「ギリシャ語で〝黒い胆汁〟の意。この体液が多いと憂鬱になると考えられた」と書いてある。また“Bile”（バイル：胆汁）には同時に〝カンシャク〟の訳がちゃんと載っている。

さてユーモア体液説はこれくらいにして、イギリス人気質の一つである“Humor”なる言葉の変遷について補足しておく。それは近代になって次第に気分、特に滑稽さへの傾向性のある気質の意味で使われるようになり、そこから現在のユーモアの意味に固定化していったという。そしてフランス語やドイツ語にも、英語を経由した形で使われている事実からしても、〝ユーモア〟は近代イギリス人に特徴的な精神性に裏付けされたものであると考えられるのである。

それでは、このイギリスに固有な〝ユーモア〟とは一体何だろう。とは言ったもののユーモアは実にいろいろな要素から醸し出されるもので、簡単に説明できるものではなさそうである。あのイギリス固有の天候の如く、ぼんやりと霞んだ大気に似てまったく捕えどころがない。そもそもユーモアを定義づけようとすること自体が、ユーモアの欠如を露呈するものといえそうだ。それでもユーモアにみられる特徴的な要素として考えられるのは、滑稽の対象に対して常に心情的に寛容なスタンスをとることではないだろうか。これには以前、本シリーズで述べた「イギリス流個人主義」が背景にあるのだが、まずは相手の存在を認めることから始まる。そこで、よしんば自らの感情を表出したくなったとしても一歩踏みとどまって、自分自身を外側から眺めることで（このへんにユーモアが生じるのだが）自らの精神の均衡を保とうとするのである。自己コントロールという点では精神的に実に大人の感覚だと言えよう。

エスプリの明晰さと対照的

さらにイギリス的ユーモアを、他の国の滑稽と比較論として特徴付けたらよりわかりやすいかもしれない。隣国なれど何かに付けて比較の対象とされることが多いフランスのエスプリ（Esprit：こちらはラテン語の「息をする」が語源）と比較して述べよう。

エスプリの表現が、明晰・直観的に気取りを排斥した明快さに特徴があるのに対して、ユーモアは本音を隠した婉曲的な表現が多い。したがって、対象を鋭く観察して肺腑をえぐるようなものに変えてしまうケースがエスプリには多いが、ユーモアはむしろ不完全な対象を宿命的なものとして、そのまま肯定して慈しむのである。そこに独特の滑稽さすなわちユーモアが生じるのである。要するに対象に対しての向かい方を「フランスの主観性vsイギリスの客観性」といえそうである。

私が社員食堂で談笑する同僚の話について行けなかったのは、基本的には英語力のなさが主因であったが、話の内容がわかっていても、なぜそんなに滑稽なのかがわからないことがたびたびあった。お付き合いで笑うことほど疲れることはない。ＢＢＣコメディー番組を見ても然りである。笑うタイミングが合わないのである。もちろん、「ミスター・ビーン」にあるように、一緒に笑える場面が大部分であったが、笑いの切り口がどうも違うのである。

しかしながら言ってみればフランス的〝知の世界〟とイギリス的〝情の世界〟が程よくブレンドされた日本の笑いには、他国に類を見ない「川柳や落語」のように、この世を一種の諦観にたって眺めた上で、人情味豊かに泣き笑いを引き起こしてくれる領域がある。私はこよなく日本の笑いが好きなのである。

⑲ 列社会

英和辞書の中では（英）と表示されて、イギリスでしかほとんど使われない言葉がある。これらの英語に一般的にいえるのは、米語に比較してスペルがややこしく、当然、発音もローマ字読みでは対応できない厄介なものが多い。例えば米語の［Line：列］の意で、英語固有の単語として［Queue］があって「キュー」と発音する。

イギリスで多少なりとも生活をしたら、必ず遭遇する言葉である。それほどイギリス庶民の日常生活と密接に関わり、それを具現化言葉といえる。つまり言葉の意味合いからもわかるように、人が集まって順番を待つ時に作るこの〝キュー〟が、イギリスの庶民文化の匂いをプンプンさせてくるわけだが、今回はこの「列（キュー）社会」という切り口で、日英の懸隔を説いてみたい。

例えば、入手困難なチケットを自分で買って、会場に出向くケースを想像していただきたい。いたる場面でイギリス人は、列を作って並ぶ。まずブッキングオフィスで前売り券を求める時、当日、会場に向かう電車やバスの乗り場、会場での着席時やトイレ……。その時々に作る列をイギリスではキューというのだが、実に整然とした列を暗黙のうちに作り上げる。列作りの名人たちは決して我先と走ったり、他人を押し退けたり、途中に割り込んだりしない。そして列の進み方が遅くとも大声で不満をぶつけたりすることなく、静かに自分の番を待つのである。マナーよろしく静かに順番を待つ訓練が、社会全体にできていると言えばそれまでかもしれないが、お互いが争うことなく気持ちよく暮らすために工夫したキューという不文律を、作り上げているのである。

列に並んでいる人たちの様子を話したので、次に実際の具体的な列の作り方に少し触れよう。例えば空港でのパスポート・コントロールのように、同じ業務をやる窓口が多数並んでいる場合（トイレも同じかもしれない）に、各窓口に並んで複数の列を作るわけではない。あくまでも一列に並ぶのである。ホウキを思い出していただきたいのだが、ホウキの柄にあたるのがキュー、穂先に相当するのが窓口である。ただし真っ直ぐな柄でなくて、狭いスペースでもたくさんの人が並べるようにジグザグに並ぶ。そして重要な役割を果たす人物が、ホウキの柄と穂先の接続部分に存在する。彼は窓口の空き具合を確認して、キューの先頭で待っている人にどの窓口に行けと、てきぱきと指示してキューの効率的な消化を図るのである。

走らないイギリス人

さて、キューを作るイギリス人の考え方の背景には、どんな不文ルールがあるのだろうか。まず一番目には「先着順：First come, First served」のルールである。地位権力には関係ない、先に到着した人に先に奉仕を施される（Serve される）特権が与えられるわけである。それもフェアな完全なる特権である。これは私の経験であるが、アルバートホールでのコンサートに行きたくて、キューを作って半日近くも並んだ時のこと。チケットを買う順番が来て私の目の前に広げられたのは、私より前に並んでいたほんの数人分しか塗りつぶしてないホール全体の座席表であった。

二番目のルールは“Serve”の仕方であるが、「一件完了主義：One thing at a time」の原則である。例えば前の人が申込書を書いたりして担当者の手が空いている時も、次の人は呼ばれるまで黙って待たなければならない。日本では「お次の方どうぞ」と並行処理するところであるが、このような場面でのイギリス人は、頑固なまでに「一件完了主義」で融通が利かない。

もし効率的な処理を促して大きな声で抗議しようものなら、担当者からはもとよりキューを作って並んでいる皆からも「仕方ないさ、ルールなんだから」と、野蛮人扱いの白い目で見られるのがオチであろう。

またキューを作るときに同時にセットされた慣習的ルールとして、「走らないイギリス人」がある。あのロンドン警視庁（Scotland Yard）もまず走らないと聞くが、幸いにも追われる場面に遭遇したことがなかったので真偽の程はわからない。ただオフィスで小走りに給湯器に駆け込んだら、“Don't panic!”とティーレディーのオバさんにやられた経験がある。恥ずかしかったので忘れがたい一コマだが、私には「ドンパニ！」と聞こえたこのセリフが、日本に帰ってから慌てている友達に使ってみたら、結構効くので使わせてもらっている。

悪平等の陥穽

ところで、このような「列社会」の対極にある社会、すなわち自分の番を静かに待つことなく肩肘張って自己主張をしながら、己の利益を優先させる生き方社会がある。ここでは適切に言い得てないかもしれないが、その様子から「肩肘社会」とでも呼ぼう。この社会は実力主義や効率的であることが特徴である。実力と行動力があれば、列を作って順番を待つことなく何人ものゴボウ抜きも可能で、タイプとしてアメリカ社会を思い起こす。アメリカンドリームという言葉に代表されるように未来への夢・希望がやる気を刺激して何となく明るいものを感じる。ただ、ここで「肩肘社会」はいわゆる「弱肉強食社会」であって、そこから生じる負の面も当然あることも忘れてはいけない。つまり実力競争社会ゆえに、そこには勝者があって、経済はじめいろいろな面で社会全体に格差を生じて新たな社会問題の誘因になっていることも否めないのである。

さて、このような対極としての「肩肘社会」に負の面があるように、「列社会」にも同様に存在する負の面から目をそらせてはいけない。すなわち、順番を待っていれば何かが来るという受身の期待感は、一方で無気力な諦めムードと悪平等に陥りやすいのも事実である。個人的な印象を言えば、私は「列社会」といえばすぐ「年功序列」を思い出す。他人よりただ早く会社という列に並んだだけで、ある地位や報酬が人より早く与えられることが、いかに大きな間違いであるかは衆目が一致するところであろう。結局、マネジメントの要諦は、共存志向の「列社会」と競争志向の「肩肘社会」、両者に内在する一長一短を十分にふまえた上で、柔軟に各々のメリットを取り入れて、組織運営することではないだろうか。一方に極端に走って失敗した会社の例は枚挙に暇がない。

⒇ 馬車と駕籠の文化論

タワーブリッジは跳開・吊り橋方式の美しい姿で、ロンドンの象徴ともいえる名橋だ。左岸のたもとにはロンドン塔があり、近辺はいつも観光客で賑わっている。当然、観光バスやタクシーの往来も激しく、東京の異常な混雑にはとても及ばないが、ロンドンでの交通渋滞の名所でもある。

ところで日英の懸隔を探るシリーズのテーマとしては、文明よりも文化に関わるものを扱うことがこれまで圧倒的に多かった。というのは、「文明とは機械等人間の技術的・物質的な所産」といえるだろうが、その発達の背景として基本的には、人間にとって利便性や快適性の追求という点でおおむね一致しており、国民性の違いとかの要因で有意差を生じることは少ないからである。コンピューター技術の発達などはその典型で、利便性という点で人類に共通して多大な貢献をもたらし、いわゆる文明の利器として時間的にも空間的にも地球を狭くしてくれた。

一方「文化とは宗教・道徳・学問・芸術等人間の精神的所産」である。イギリスの文化はとりもなおさず、イギリス人の価値観の現れである。したがって民族間の懸隔を書く時は、文化の方がテーマになりやすいのである。

英国タクシーは駅馬車の直系

そのような中で今回はあえて文明の進歩の象徴ともいえる乗り物、特に車に関する懸隔について述べたいのだが、現代でこそ日本製の自動車がイギリスのみならず世界中で大人気であるが、自動車が出現するまでは人間が移動する時の乗り物といえばイギリスでは馬車であり、同じ時期の日本では駕籠や人力車であった。

馬車と駕籠、馬力と人力の差のみならず随分違うが、ヨーロッパにおける馬車の発達の背景には、やはり騎馬・狩猟民族として広い距離を移動する必要があってのことだろう。トラベルの語源は「骨を折って行く」という意味の「トラバイユ（仏）」だそうだが、馬車による旅といっても当時の人にはかなりの苦痛だったのだろう。

それに対して一か所に定住する農耕民族の日本人には、国土も狭いし乗り物としては人力に頼る駕籠が発達した。馬に引かせるより人間に担がれる駕籠の旅の方が、スピードは劣るが何となくのんびりするし、落語のテーマになるように日本の風土や四季に合ったほのぼのとした人情味を感じるのは私だけではないだろう。

さてロンドンで見かける車といえば、「赤と黒」に代表される。つまり赤い二階建てバスと黒いタクシーであるが、両者とも馬車のなごりを今に残しているのがおもしろい。車の屋根にも荷物やお客を乗せて走った駅馬車のスタイルを踏襲して、二階建て馬車となった。御者席は車体の前部の外側に、そして階段は車体の後部にあるのも駅馬車とまったく同じで、二階席に屋根をつけて馬をエンジンに変えて赤く塗ればロンドンの二階建てバスそのものである。

一方、タクシーの祖先をたどれば路傍で客待ちをする辻馬車である。これは乗客が乗る前に馬車の前方にいる御者に行き先を告げ、降りたらまた御者のところに行ってお金を払うスタイルが、今もロンドンの流しのタクシーに残っていることでよくわかる。それに猫背の箱型自体が馬車にそっくりだし、運転席と客席の間にある頑丈な仕切りも、御者席が外にあった馬車の名残である。客席の対面型の椅子も馬車に乗った気分になったりする。このように利用方法や外観や内装において日本のタクシーと大きく違うのは、ロンドンのタクシーが馬車の直系の子孫だからである。

日本と英国は共通する左側通行

ところで、このように文明とて文化の背景なくして、利便性だけで発達するものばかりではないことはまだある。例えば扉のケースである。日本の履物の文化（靴を脱ぐ文化）の影響を受けた駕籠の場合は、左右方向の引き戸である。馬車のドアのように開き戸では脱いだ靴が邪魔だし、第一に障子や襖の開け閉めの伝統的な作法にかなわない。一方、西洋の開き戸にも社会的背景があって、外敵の攻めに対して内側からバリケードを築いて守った歴史的な伝統によるもので、脱いだ靴の問題もないために家屋では原則内開き式ドアになっている。ただ馬車ではスペースの問題から当然外開きであるが、この方が外から中の人を助け出しやすい観点からも理にかなっていると思われる。

ドアといえばタクシーに自動ドアを装備しているのは世界でも日本だけで、西欧でタクシーのドアを開けっ放しにして降りて行く旅行者は日本人だけだろう。私はタクシーの自動ドアに関しては外国人にはない日本人らしい気遣い設計だと思うのだが。

それから世界の主流と異なって、日英だけに存在する乗り物に関するシステムというのもある。左側通行である。これにはまたイギリスでは馬車文化が絡んでいて、御者が右手にムチを持って馬を制御したからだと聞いた。また日本の侍は戦闘時には右手に抜き身の刀を持って周囲を払いながら突進したから走るときは左側通行だと聞くが、よくわからない。なおヨーロッパ諸国の車の右側通行については、ナポレオンの鶴の一声で彼の占領下に置かれた国はそのようだ。この説にも真偽の責任は負いかねる。

さて、文明論だけで自動車の話をしようとて、最後には文化の影響なくしても文明もないことがよくわかった。私たちは文明の進歩発展によって随分恩恵を蒙っているが、ここで大切なのは、利便性や快適性の追求だけで文明が進歩すれば、必ず負の面が生じることに目を向ける必要がある。めざましい自動車の発達の裏には、交通事故や排気ガスや環境汚染等の社会問題を表裏一体で抱えていることは、現代を生きる私たちが知るところである。そこに深遠な道理を悟りうる叡知の文化が果たす役割に多大なものがある。

「地球文化とは地球人類の価値観が現れたもの」である。地球人として時には、文明の進歩に待ったをかける勇気を持つことも大切ではないだろうか。

(21) ラニミードとイギリス上院

私が駐在した会社のオフィスは、ロンドンの中心から西へ二五キロメートル程離れたストックリーパークという所にあった。

すぐ近くにはヒースロー国際空港があり、さらに西へ車で一五分も行ったら、テムズ川の上流沿い南岸に英国王室の離宮ウインザー城があった。また、その対岸の町イートンにはW・チャーチルはじめ伝統的に政界。官界にそのOBが多いパブリックスクールの名門イートン・

カレッジがある。

このような良好な環境に囲まれたオフィスだったので、会社のいろいろな会議や研修会、歓送迎昼食会などが、周囲の田園情緒あふれる場所にあるホテルやパブなどの施設で、よく開催された。そんな中の一つに、会社からだと車で南に二〇分程度、ウインザー城から南東に五キロほどのラニミードという牧草地帯に建つ、小綺麗な二階建てホテルがあった。ホテルのすぐ近くにはテムズ川がロンドン市内方向に東流しており、そのテムズ川に合流する運河（Canal：カナル）の一つが、ホテルの裏庭の中を流れていた。

そこにはヨットやボートで舟遊びをするための水門（ロック）が備えられていたので、かなり大型の船がカナルを航行できた。牧草地帯の真ん中に建つホテルの庭の運河をゆったりとボートが行き来する光景と、運河の水門が開閉する様子が私にはとても珍しくて、ついつい見惚れてしまって、ホテルで開かれていた会議に遅刻してしまった苦い経験がある。

「マグナ・カルタ」の舞台
ところでラニミードの小高い丘の上には、あの第三五代アメリカ大統領Ｊ・Ｆ・ケネディが、この地を訪問した記念碑が建っているのだが、何も所縁がないのにここを訪れているわけではない。実は、日本の観光ガイドブックにもまず載っていない、ここラニミードの地が舞台となって起きた有名な歴史的事件が、一二一五年の「マグナ・カルタ」（大憲章）の制定である。

こちらの方は、何しろイギリス憲法の土台となった文章として。歴史や政治経済の教科書には必ず載っている。当時のジョン王の内外にわたる失政と不法な政治などに反抗して、貴族らが承認を強制した勅書である。

その内容には、封建貴族階級の特権の尊重などの条項もあったりするが、人民の自由と議会制政治の権利を擁護したものとして、後々イギリス憲法の三大法典の一つとして称され、憲法発展に果たした役割は大きい。

それにしても、さすが民主主義の見本みたいに言われるイギリスである。およそ八〇〇年前（日本では鎌倉時代）には、国王とて法の下にあるという原則を確立し、その後、一四世紀前半には上下院からなる議会が成立して、今日の議会制の原型がすでに形作られていたのである。

このように故ケネディ大統領が、ラニミードの地を訪問した理由に納得できるというものであるが、私には彼がここで一体何を感じたのか、とても興味がある。というのも彼の祖先は元々、一九世紀のアイルランド全土を襲ったジャガイモ飢饉時にイギリスの隣国のアイルランドからアメリカに移民した一族で、三代目にあたる彼の父は、ルーズベルト大統領政権下でアメリカの外交官として、故国の隣国に凱旋し、駐英大使を務めた人物だったのである。

その当時、ハーバード大学で政治を学んだ次男のジョンは、父の任務に随行し第二次世界大戦前夜のイギリスを視察し、卒論として「イギリスはなぜ眠っていたか」をまとめ、それが大ベストセラーとなるのである。その後およそ二〇年後に、今度はアメリカ大統領としてマグナ・カルタが調印された場所であるラニミードを訪れたのであった。

一方、現代のイギリスでは、新労働党内閣を率いる若きトニー・ブレア首相が、このような伝統あるイギリス国会の改革、それも貴族院の上院（House of Lords）改革に乗り出しているのである。そもそも、イギリス上流階級の中心となる貴族と一口に言ってもいろいろあって、世襲貴族、宗教貴族、一代貴族で合計約一二〇〇人ほどいるらしい。どの貴族も選挙で選ばれることなく、自動的にイギリス国会の上院議員となれるのであるが、日本と違って政治基金に汲々としていない。

最高裁も兼ねる上院 ※

ところでイギリス上院といえば、それが最高裁判所を兼ねているのは意外なことではあるまいか。日本やアメリカにおける最高裁判所にあたるものがなくて、上院の議長がロードチャンスラー（大法官）と呼ばれて、最高裁長官に当たるのである。

　また、その上院の無選挙貴族議員には必要旅費などの実費は支給されるが、議員としての報酬はないし議会への出席義務もない。貴族議員全体の三分の一程度の四〇〇人ほどが出席しているが、そもそも国会の議席も五〇〇人分もないそうだ。上院の存在自体がこのようなものである。その議員が国政に、さほど熱心になれないのも仕方ないことかもしれないとは、多少うがった見方かもしれない。

　また、世襲議員を非難する国民感情も、一方でわかるというものである。この現実にニューブリテンの建設を目標に掲げるブレア首相が、上院における世襲貴族の減員や議員資格停止を今、試みているのである。

　このように民主主義制度の根幹ともいえる諸制度に関して、お手本と見られるイギリスの実態はと問えば、現代の日本に比べて意外に思うことが少なくない。つまり、階級社会の中で特権階級としての貴族優位のアリストクラシーの一端が垣間見えるのだが、これらが存在し得たのは元々、成文憲法すらないコモン・ロー（慣習法）の国にあって、長い歴史によって積み上げてきたコモン・センスの働きに、国民が全幅の信頼を置いてきた背景があるからではないだろうか。

日本では第二次世界大戦前には皇族、華族、勅人議員らが、旧帝国議会の貴族院を構成していたのを第二次大戦後、新憲法と共に新たな民選の参議院を創設して、議会の近代化を図った歴史を持っているが、歴史的に「静かなる革命」をうまく遂行してきたイギリス国民である。旧態が残る議会制に対して、新労働党の若きブレア首相がこれから、どのような改革を実行するのであろうか、大変興味深いものである。

※イギリスでは、かつて最高裁判所の役割を上院の「法務貴族（Law Lords）」が果たしていた。しかし、二〇〇九年に新しい「イギリス最高裁判所（Supreme Court of the United Kingdom）」が設立され、上院の法務貴族に代わって司法の最上級審としての役割を担うようになった。

(22) ヒューマンクイーン

よく日本の皇室とイギリスの王室が対照され、週刊誌等で紹介されているが、日本の天皇制に関しては第二次世界大戦後に、そのあり方が大きく変わった。つまり天皇は国政に直接参加することなく、国歌および国民統合の象徴として儀礼的な国事行為のみをとりおこなうようになって、国民主権と人間天皇が強くうたわれるようになった。

一方、イギリスにおける王位は、本来的に君主と政府を代表する最高執行権限の象徴であるから、その存在自体、日本と大いに事情が異なるのは当然である。

今回はＵＫの頂点のみならず、コモンウェルスと呼ばれる、およそ五〇か国のグループの首長として君臨する、女王エリザベス二世のことと王位（皇位）継承のお話を少しご紹介して、日英の懸隔認識の一助としたい。

女王の同意得て法案成立

そもそも君主の権力を、憲法で制限する政治形態である立憲君主制は、一七世紀のイギリスで名誉革命を通して成立した。そこでは立法権を持つ議会が、行政権を持つ国王に優位するという政治思想が確立され、近代国家としての基本要件が産声をあげたのである。さらに一八世紀には実質上、内閣が行政権を把握し、一九世紀にはその内閣が議会に対して責任を負うという、議院内閣制が政治運営上の基本原則となった。

このようにイギリスは常に、世界における議会制民主主義国家の最先端モデルとなってきた。そのような中にあっても、国民が君主に寄せ和畏敬の念は根強くて、政府の最高執行権限の象徴としての役割は存続し続けたので、多くの政府の重要行為に女王の直接関与が不可欠なのが現実である。

例えば、国会は上院・下院の二院制というよりむしろ、女王を含む三要素から成立するというのが実態である。つまり国会開催時に、日本では内閣総理大臣が行う施政方針の概要演説は、イギリスでは王冠を戴いた女王がまず最初に王座より行うのである（この模様はＢＢＣ放送によって全国中継される）。また国会での法案成立には当然、女王の同意が必須である。

ところでイギリスでは、次期王位継承が「プリンス・オブ・ウェールズ」と呼ばれていることはご存知の方も多いと思うが、この呼称の歴史は古くて、何と七〇〇年も前にウェールズ地方の古城カーナヴォンで皇太子エドワード二世が誕生した時に遡るものらしい。当然、今の「プリンス・オブウェールズ」はエリザベス女王の長男で、今年五二歳になるチャールズ皇太子であるが、一九九六年に性格の不一致等でダイアナ妃と離婚した時には、皇太子の権威と王位継承論議が国民の間で持ち上がったのも事実である。

さて、故ダイアナ妃は父君の皇太子に次ぐ第二、三位の王位継承権を持つウィリアムとヘンリーの二人の王子を残したので、イギリスの次期は男子君主の時代が確約されているわけだが、日本の天皇と違って男子にこだわらないイギリスの君主制では、歴史的にみて女王の時代に繁栄したという事実があって興味深い。

一六世紀のエリザベス一世、一九世紀のヴィクトリア女王、今世紀のエリザベス二世、いずれも五〇年前後の永い治世で数多くの社会的出来事に遭遇して、イギリスを改革発展させてきた輝かしき女王たちである。イギリス史を見る限り、国家元首が男子でなければならない理由は、まったく見当たらない。

「男系」制限ない皇位継承権

一方、日本はといえば戦後直後の昭和二二年に制定された「皇室典範」で、皇位継承のための要件として「男系男子」と定められたため、皇太子殿下以降のお世継ぎが懸念されることとなった。

歴史的には、推古天皇に始まり江戸時代の後桜町天皇まで、一〇人の女帝が記録されているそうなので、女帝を認めることが天皇のあり方にはコペルニクス的転回を加えるものではないと私は思うのだが、「男系」の方は天皇制発足来、かたくなに守られてきたことで、思えば日本が国際的にもよく男系社会といわれる由縁も、ここらあたりにも原因の一つがあるのだろう。

第二次大戦前や戦中には、国家公認の皇国史観によって天皇制は永久不変の日本の「国体」であるとされた時期もあったが、先に述べたように天皇が国家・国民の象徴であるとされた現在、皇位継承権についても国民が議論して決めたらよい。

　国歌・国旗論争はひとまずの結論は法制化されたが、皇位継承権の方はこれからである。なお「男系」という制限のないヨーロッパ諸国では、違う王家に属する国王が誕生した時は、王朝の名を通常は変更して対応しているようだ。

　ところでエリザベス女王自身も、将来の君主として銀のスプーンを咥えてこの世に生を受けたわけではなく数奇な運命だといえる。女王の伯父（叔父でない）エドワード八世がアメリカ女性シンプソン夫人との恋を貫き（日本の皇室ではちょっと考えられない。国王である以前に一人の人間として自分のアイデンティティーを求める国王の生き方に私は賛成票を投じるのだが）、わずか一一か月で王位を退いたので、弟でエリザベス女王の父君、ジョージ六世が急きょ国王に即位したのである。

　健康にあまり恵まれなかった父君は在位一六年でご逝去、王位継承権一位の長女エリザベスに一九五二年、イギリスの王位が巡ってきたのである。以降、第二次大戦後の変化の激しいこ半世紀を、ひたすら走り抜いてこられたというのが、女王の実感であろう。

　報道される公的なほんの一面しかわからない私たちには、想像を絶する実にいろいろなことが公私にわたりあったはずである。故ダイアナ妃はじめ四人の子供のうち三人が離婚していることについても、女王（公）としての想いと母親（私）としての想いには当然、齟齬があって葛藤に悩まれたかもしれない。

時には伯父君の如く、イギリス国王として生きるより一人の女性として生きたいこともおありだろう。人間の心の中のXを覗く術はないが、「私」としての女王も「公」同様に一人の人間として、大変魅力溢れる方だということは想像に難くない。

(23) 気候の贈り物——文学・お茶・芝生

海外旅行に出かける時には、現地の気候が大変気になるものであるが、最近はテレビやインターネットで世界中の気温と天候が即時にわかるので、旅行者には本当に便利な時代になった。北半球の温帯モンスーン域に位置する島国日本は、季節ごとに天候と気温の変化が明瞭で、加えて梅雨、秋雨、台風などと気候の多様性では、世界でも類を見ない国である。

それだけに洪水、豪雪、冷夏など一年を通じて気象災害に直面しているものの、半面では例えば俳句の「季語」や暦の「二四節気」などに見られるように、四季折々の固有性を楽しむかのような、日本人固有の精神風土を育んできたのも事実である。

一日で四季が巡る英国

一方、同じ北半球の島国であるイギリスの気候はといえば、本島がロシアのカムチャッカ半島とほぼ同緯度でかなり北方に位置する国で、年間平均気温もずっと低い。ただ気温の高低差でいえば夏は涼しく、冬は暖かく生活には恵まれているといえるのだが、これは西を流れるメキシコ湾暖流と偏西風によるところが大きいのだろう。

そして、この寒暖について付言すれば、二月と八月にそのピークを迎える日本と少し事情が違っていて、イギリスはじめヨーロッパの各国では、おおむね冬至と夏至前後ということになる。年中行事で言えば一二月のクリスマスの頃と、六月のウィンブルドンテニス大会が開かれる頃が、寒暖のピークである。したがってイギリス旅行時には、日本より一か月半ほど暑さ寒さの到来が早いことを頭に入れて、着ていくものを選んだら良いだろう。

それにつけてもイギリスの天候は、スカッとしていなくて憂鬱である。イングランドでは三週間以上雨が降らないことは、まずないそうである。どんよりと曇った日が多いので、彼らは日没が遅い夏場の日差しをとても大切にする。イギリス人に休暇に行きたい場所を聞いたら、やはり太陽の国イタリアや地中海だと、ほとんどの人が答える。

さらに特徴的なのが一日の内の天候の変化である。晴れ・曇り・驟雨と小刻みによく変わる。

つぎはぎだらけの空模様は天気予報泣かせで、「パッチー・ウェザー」と言われる由縁である。GWの同僚が「日本は一年で四季が巡ってくるだろうが、イギリスは毎日四季が味わえる」と自嘲気味に笑っていたのを思い出す。〝ロンドンっ子〟にとって朝の天気予報とは、その日の大方の傾向を知るものであって、どのみち変わりやすい天気に備えて、それなりの驟雨や変化の大きい気温対策を講じて出掛けるのである。

イギリス紳士の日常の持ち物によく傘が入っているし、短期の旅行にウールのセーターを持ち歩くのは、驟雨や気温変化への必然的防衛手段なのである。しかし、傘やセーターを持ち歩くのが面倒な連中は、コートにする。厳しい真冬の防寒用コートにはカシミアなどの保温性が高い厚地のものだが、いつ雨が降るかわからないパッチー・ウェザー用には、季節に応じたコートを複数持っていて、それこそ夏でもさりげなくコートを羽織るのが、イギリス人の正調カジュアルウェアで、これがまたカッコイイのである。この国に世界的に有名な、実用的で高品質のコートが生まれたのも頷ける。

コート、セーターの名品生む

さて、このようにイギリスの特徴ある天候が、コートやセーターのように世界的名品を作り上げたような例は、まだたくさんありそうである。歴史的・文化的背景がベースにあって、加えて気候的な影響を受けた所産かもしれないが、想像するのも楽しいので以下に挙げてみよう。まずは文学作品である。人間の愛憎を極限まで追求したE・ブロンテの「嵐が丘」がそうだろう。原題が「吹きすさぶ風の丘」ということで、荒地に群生するヒースとヨークシャーへの強い風が、主人公の心理描写の味付けになっている。また文学でも大衆的な推理小説の分野では、世界的名作がイギリスに集中している背景として、暗くて長い冬の夜にはコートが似合いそうな名探偵たちが登場してくるコナン・ドイルやアガサクリスティーの推理小説を、読みたくなるのは私だけではないだろう。

また読者にはお茶はつきものである。イギリス人のお茶好きにはいろいろな文化的背景もあろうが、少なくともイギリスの冷え冷えした気候は、温かいお茶を飲むのに合っている。また想像の世界と言っていいと思うが、例の「ネス湖のネッシー」騒動の裏には、冒険や悪戯好きのイギリス人気質が見え隠れするけれど、スコットランド北部の日照時間が少なくてどんよりした天候が神秘的なネッシーによく似合うのも事実である。

さらに人間というよりも、天候自体が作り上げたイギリスの特産がある。例えば日本に比べてイギリスで、いつもその素晴らしさに感心するものの一つに、芝生の美しさがある。公園のみならずテニスコートや大学のキャンパス等の芝の美しさと絨毯みたいな弾力性が日本のとまったく違うのである。これは品種の違いではなく、イギリスの芝には一日数回の自然の散水シャワーが与えられて、あれだけ芝を元気にさせているのではないだろうか。その降雨時期も年間を通じて偏りがなく、一定しているそうである。

雨量が年間通じて一定しているので、テムズ川はじめイギリスの河川の流量は一定しており、加えて地形が平坦で勾配が少ないので、古くから河川が運河として生活や経済の発展に、重要な役割を演じてきたのである。

そういえばイギリスはじめヨーロッパ各国では、冬至を境に気温も日照時間も春に向けて上昇していくと先に述べたが、クリスマスをお祝いする彼らの気分の底辺には、宗教的な重要性と同時に暗くて長い冬から脱出して、明るい春を待つ気分が重なり合ったのではないだろうか。キリスト教国家では一年中で、一番大切かつ楽しみな行事とされているクリスマスも、北半球の気候が人々にくれた素敵なプレゼントなのかもしれない。

(24) グロバライゼーション貫く聖書の論理

先月号では、日本とイギリスの気候が随分違う話をしたが、日本の六月の夏至前後一か月あまりはうっとうしいツユの季節を迎える。梅の実の熟するころの雨期から「梅雨」と呼ばれるが、同時に高温多湿でカビ（黴）の生えやすいことから「黴雨」とも書かれて、暮らしにくい季節である。一方、梅雨のないイギリスの六月はといえば、幸せになれる花嫁としてJune brideとよく呼ばれるように、人生の節目の一つである結婚式が多い月である。六月が結婚シーズンであるのは、ローマ神話で結婚・女性・家庭生活などを司る女神ユーノ（Juno）に因むとよく言われるが、神話の中のユーノは常に夫ユピテルの愛人を迫害する嫉妬深い妻として現れることが多くて、男性としては（異論もあろうが）理想的な妻とは言いがたい。それよりも六月は、学校の卒業の時期でもあり、何よりも雨が少ない好季節であることから、結婚に最適だということなのだろう。

環境が異なる教会と寺社仏閣

さて、この結婚式だが、宗派によって多少形式が異なるものの、イギリスを含む西欧のキリスト教の国では当然、教会で挙式することになる。そもそも人生を誕生・結婚・死という時間的流れで見た時に、好むと好まざるとにかかわらず、彼らは一生涯を通じて教会との関わりを持って暮らすのである。有体な言い方を許してもらうなら、命名（洗礼）・結婚式・葬式という人生の各節目のセレモニーは、教会が執り行う主要業務となる。翻って、西欧の教会に相当する日本の寺社仏閣と、日本人との関わり方を考えれば、時間的な長さのみならず信仰の場所としても、西欧と大きな懸隔のあることがわかる。

私自身かなり熱心な仏教徒の家庭に育ったのだが、信仰の心甚だ薄く、お寺さんのお世話になるのは葬式の時と墓参り程度という現実を、実感する次第である。少なくとも日本人と仏教とは、生前より死後の世界で関わることが多いのは事実で、生きていく上での精神的依りどころを宗教に求める人々の願いからは、かなりかけ離れていることは否めない。

このように日常生活において、宗教と関わる程度と頻度において、日英に大きな違いがあるのである。例えば寺社仏閣に興味を持って京都や奈良を訪れた彼らが、日本人と仏教や神道との日常的な付き合いが、彼らと違う実態を知って驚くことが少なくない。ＵＫのオフィスでも日本に関する質問で、よく尋ねられたのはやはりこの領域で、実に情けない回答しか当時の私にはできなかった。私自身、イギリス駐在以降に日本人と宗教というものを考えるようになったのが、事実である。

ところで、いかに彼らの生活と教会とが深く関わっているかは、教会を訪ねてみればわかる。例えば日本の寺社仏閣の多くが、深山幽谷の地や深い森に囲まれて建っているのとは対照的に、イギリスの教会の周りには樹木がほとんどなく、石畳の広場になっている。つまり近辺の住民が集まりやすく、日常的なコミュニティの絆も教会を中心にして自然と強まるようにできており、教会が「公共目的で召集された周辺住民の集会場」を意味するという、ギリシャ語の原義もわかろうというものだ。

「国際化」は求められていない

このような異文化の存在を知ることは、世界がグローバリゼーション化していく現代において、大変重要かつ必要不可欠なことであることは論を俟たない。無論、そこでは異文化を知るだけでは不足であって、相互に相手を理解し影響しあって、国際的に合理的な選択を求めるのが真のグローバリゼーションで、単なる国際化とは違う由縁である。

かつて日本はここ一五〇年足らずの間に、明治維新と第二次世界大戦という、二度にわたる西欧異文化の大きな波にさらされた歴史をもっている。しかしながら、その時々での日本人の対応を振り返れば、「和魂洋才」、これが敗戦時も含めて明治維新以来共通して、ひたすら西欧を吸収してきた基本姿勢ではないだろうか。そこでは〝洋才〟としての科学技術などの導入が積極的になされた。そして独創性には欠けていても、応用展開の面では移入元を凌駕するほどの素晴らしい成果をあげたことも事実である。それというのも日本人元来の〝和魂〟と〝和才〟がベースにあったからで、日本人として大いに誇りに思う。

しかしながら、〝洋魂〟の受け入れと理解に対する我々の姿勢は、いかがだったろうか。私は西欧人の漢字の〝魂〟の字で表せるものがあるとしたら、宗教としての「キリスト教」だと思っている。先に述べたように、彼らには好むと好まざるとにかかわらず、誕生から死までごく日常的に教会が身近にあり、そこからの「キリスト教」が彼らの体中に染み付いているのである。そして洋魂＝キリスト教の精神的支柱はといえば、やはり「聖書」ということになる。

よく聖書を読まなければ、西欧文明や行動様式を理解できないとも言われるが、この箴言は正鵠を得ている。なぜなら、アメリカの歴史を振り返れば明らかで、イギリスのバイブルファンダメンタリスト（キリスト教原理主義）たちが、聖書そのものを実現しようとして、一六二〇年、メイフラワー号でイギリスから新大陸アメリカに渡ったのである。

教会そのものは〝洋才〟としての建物にすぎず訪問可能である。しかし、そこで培われた〝洋魂〟としてのキリスト教と聖書の理解をしなければ、西洋の心理が皆目理解できないといっても過言でないだろう。

グローバリゼーションという第三の異文化の大波が押し寄せてきている今の日本にとって大

切なことは、聖書の中の個々の言葉ではなく、聖書全体を貫いている論理が世界を動かしているという現実を受け入れることである。いたずらに洋魂に同化することは無用である。

㉕ 薬とシェイクスピア

イギリス人が芝居好きであることは特に有名で、イギリスの地方を旅行しても、至るところに小さくとも、その地方色に溢れた芝居小屋があって、独自の興行をやっている。

これは、ベルディーやワグナーを生んだイタリアやドイツの地方の街にオペラ小屋があるのと同じ現象で、各国における今日の芸術活動の背景には、過去に多大な影響を及ぼしたその国生まれの巨匠たちが存在し、同時に国民が自国の芸術として愛しみ、大切に育ててきた事実があるのだろう。

したがって、イギリスの国中に芝居小屋が多いのも当然、一六世紀の末から一七世紀の初頭にかけて、数々の名作を世に送った不世出の劇作家W・シェイクスピアを避けては通れまい。今回は彼の作品の意外な一面に触れながら、日英の懸隔にも思いを巡らしたい。

薬と毒の使われ方

人間のドロドロした不可解な人生を実に上手に料理して脚本化し、後世の人々に喜怒哀楽の豊かさと生きる感動を与えてくれた演劇作家シェイクスピアのことである。当然のことながら彼の作品には人間生活に関わるいろいろな小道具が登場し、意図された役割を演じている。例えば〝薬〟。

疾病を治癒して延命を望むという、人間のプラス志向の一面を演じる小道具として、ところどころで使われた。逆に生命や健康を害して時には犯罪など人生のマイナスの局面を演じる〝毒〟も同じくよく使われている。私は知らなかったが、文学と薬学の両学部を卒業した才媛から『シェイクスピア薬品考』なる本があることを教えていただいた。

読者の中には薬剤関連に精通されている方がたくさんおられるだろうし、シェイクスピア文学にも興味のおありの方にお勧めな本ではないだろうか。

ところがである、プラスがあれば同じ量のマイナスを併せ持つのが山あり谷ありの人生であるから、薬と毒を併せ持つもの、例えば〝煙草〟なんぞはシェイクスピア劇には頻繁に登場すると思いきやさにあらず。

彼の作品に、煙草が一度も使われていないということは知る人ぞ知る結構有名な話ではある。

もっとも煙草同様に、浮世のプラス面やマイナス面への色づけに恋愛と絡ませてよく使われる代表選手といえば、どうしてもアルコールということになろう。有史来の歴史を持つこの方に関しては、さすがのシェイクスピア先生も避けて通れず、作品の至るところに登場させている。

登場しない煙草の不思議

さて、人生には不可欠な同じ嗜好品であるのにシェイクスピア劇には登場しなかった煙草の方はといえば、一五世紀末コロンブス一行によるアメリカ大陸の発見時に、この薬が神聖な医薬品であることを知ったスペイン人水夫たちによってヨーロッパに持ちこまれた。

この「西インド諸島からもたらされた薬用植物」は、シェイクスピアが生まれた一六世紀の半ば頃には、すでにヨーロッパ全域で栽培が行われ、同時にかなり喫煙習慣が大衆化していたことが多くの書物に記されている。また、当時イギリス人として南北アメリカ大陸に多くの探検を試みたサー・W・ローリーは、喫煙習慣をイギリス社会に広めたことでも有名な人物で、シェイクスピアとは当然親交があったことからしても、彼の作品に煙草が出てこないことが不思議なのである。

ここで当時のイギリスについて多少言及すれば、スチュアート王朝の祖ジェームス一世は、煙草のもつマイナス面を取り上げた「煙草排撃論」をぶち上げて〝禁煙王〟として有名な王なのである。

同時に英国国教会推進派でもある彼は、一六世紀後半のエリザベス朝時代の自堕落な生活がよほど目に余ったのであろう。発酵酒ワインにも高い酒税をかけたり、さらに議会とも衝突した禁煙王は、サー・ローリーを疎みロンドン塔に幽閉の後、断頭刑に処してしまったのである。シェイクスピアも、当時の治世者の専制に、自分の作品に煙草を登場させるタイミングを逸したのかもしれない。

もっともこのような時代にこそ、民衆は享楽へと向かいたがるものである。蒸留酒は税金が高くて諦めざるを得なかったので、暗鬱な生活の憂さを晴らすべく安くてすぐ酔える酒、つまりアルコール度数が高い蒸留酒（スピリッツ）に向かい、〝スピリッツ・ドリンキング〟の時代がやってくるのである。

この当時のシェイクスピアは「ハムレット」をはじめ四大悲劇を書き上げた第三期といわれる充実期を迎えている。

必修科目から外される

さて、シェイクスピアが煙草を描かなかった理由を、ジェームス一世によるワインへの高い酒税や煙草排撃論、朋友サー・ローリーの処刑などに帰するのは簡単である。

しかしながら、その理由として（喫煙しないがお酒大好きの私には容易に想像がつくのであるが）彼は、アルコールが煙草の成分ニコチンをも簡単に溶かしてしまうという化学的知識を持ち出すまでもなく、アルコールの方にずーっと惹かれていたのではないだろうか。

昨今、イギリスの大学の英文学コース必修試験科目から外されそうになっていると聞くシェイクスピアではあるが、母国イギリス国民に多大な影響を与えているのは否めないことで、各国においても「シェイクスピア学」なる専門分野があるくらいで、今後とも大切に引き継いでいくべき人類共通の世界遺産的芸術といえるだろう。

翻って日本の現状を思うに、シェイクスピア的存在の作家が果たしているだろうか。何も世界的遺産などと言うつもりは毛頭ないが、その国々にしかない国民的感性なるものも純然としてあるわけで、本当はわが国も万葉の昔から存在しているのに、私たちが気づかず現代に至っているのではないだろうか。

日本固有の芸術の素晴らしさに気づく努力もなされない今、草田男ではないが最近とみに一〇〇余年前の明治さえ、本当に遠くなったのではないかと思う。漱石も鴎外……も。

(26) Whisky と Whiskey

前節ではシェイクスピア劇とタバコを取り上げたが、喫煙が肺癌のみならず呼吸器・循環器系疾患、妊婦や胎児までにも悪い影響を与えることは、周知のことである。さらに直接吸わなくても、他人の喫煙にさらされて受ける受動喫煙でも、具体的な影響があることが最近の多くの研究で明らかにされるに至って、共有の生活空間での喫煙規則を訴える「嫌煙権」が、社会全般的に叫ばれるようになってきた。

オフィスも、建物内は全面禁煙なので寒い季節には北風が吹きすさぶ戸外で背を丸めて、必死になってタバコを吸っている愛すべき愛煙家たちがたくさんいた。その姿には、憐れさとおかしさが同居していた。

公共施設はもとより、ホテルや交通手段など全般的に見まわしても、日本より欧米の方が禁煙ゾーンが広く浸透しているようである。もっとも一口に欧米と言っても、カトリック教徒が多いヨーロッパ南部のラテン諸国のタバコに対する規則はゆるやかで、英国国教会のイギリスやプロテスタントが多いヨーロッパ北部の方が、より嫌煙権がしっかり保障されているようである。

ごく粗っぽく言ってしまえば、厳しく自分を律して聖書に記された福音の実現を目指すプロテスタントの教義には、タバコがもつ非健康性がやはり馴染まないのかもしれない。また嫌煙権の確立度合いに関して日英の懸隔を問うならば、本シリーズで述べ続けていることであるが、農耕民族としての人の和を尊ぶ日本的共同社会主義と、狩猟民族として各人の権利と義務を主張する欧米個人主義の違いがやはり、その背景に歴然と横たわっているように私は感じる。

ただ、喫煙しない者の一人として嫌煙権についての私の考えは、原則的には（それこそ命懸けで吸っている）喫煙者の自由をまずは、肯定すべきだと思っている。その上で、嫌煙家は喫煙者個人にむやみに禁煙を迫るのではなく、非喫煙者が不当な煙害を受けないように、両者間で調和の道を探っていくべきではないだろうか。

酒のない民族はない

さて、今回のテーマであるアルコールの方はと言えば、やはりタバコ同様に健康に与えるマイナス的な影響もあることが医学的に指摘されてはいるが、置かれている事情はかなり違っている。例えば大英博物館に行けば、今から三五〇〇年も昔の古代エジプトにおいて、人間が葡萄摘みと足踏みで汁をしぼっている様子が描かれた壁画が観られるし、さらには旧約聖書やギリシャ神話においても箱舟で有名なノアや、酒神バッカスたちが葡萄の栽培法と葡萄酒つくりを、神から授かった場面が記されていることを読んでもわかるように、とてつもなく長い歴史をもって、現在まで存在し続けている代物が酒なのである。

よく世界の民族の中で、酒とまったく出会うことがなかった民族はおよそいないと言われるが、我々が歴史の中で日本酒を生み出して今なお愛するように、各国にも酒が造られ独自の飲み方と愉しみ方があって、国民は民族意識の一つとして愛着と誇りを、その国の酒に持っていることがわかる。そういう観点でみれば、葡萄が育ちにくい気候と風土のイギリスが、ワインの代わりに麦類を原材料にして、特徴的なビールやウィスキーを作り出したのもよくわかる。発酵醸造酒であるビールの中でも、高熱殺菌を施さず発酵したてをそのまま飲むものを「エール」と呼んで区別しているが、日本各地に地酒があるようにイギリスの各地にもたくさんのエールがある。

エールは麦芽の香味とアルコール度数が強く、その中でも苦味の利いたビターは、伝統の味を好む比較的年配のイギリス人の間で人気がある。ただ、エールを冷やさないで室温で飲む習慣には、いつも冷えたビールを喉ごしで味わい慣れている日本人の私には、最後まで馴染めなかった。

　このような麦芽を発酵させた醸造酒は、保存性が劣る欠点があるので、そこで蒸留酒にすることを思いついて、アルコール度を高めてから樽に入れて熟成させたウィスキーが登場するのである。特に麦芽を乾燥させる時にスコットランドに無尽蔵にある泥炭（ピート）で独特の薫香を持たせたのが世界に冠たるスコッチ・ウィスキーである。

　スコットランド人は純粋のスコッチ・ウィスキーだけが、whisky の綴りを使う資格があると主張して、アイルランドやアメリカ等のウィスキーは“e”を入れて whiskey と綴られる傾向にある。

　それもそのはずである。ウィスキーは古代からスコットランドを統治していたケルト民族が造っていた地酒で、その名も「生命の水」の意のゲール語ウスケボーからきていると言われているのである。

薬に勝る酒の効用

　それにしても、イギリスの地で「生命の水」と呼ばれた酒が、東洋の漢の時代にも漢書の中で「百薬の長」とうたわれたことからもわかるように、世の古今東西を問わず酒が持つ効用が高く評価されていることは、我々飲んべーには大変ありがたいことであって、冠婚葬祭はじめ人生ことあるたびに「百薬の長」を押し戴いている次第である。

確かに食前・食後酒や赤、白ワイン等々、いろいろの酒は料理の種類に応じて素晴らしいハーモナイゼーションを生み出して、食事を美味しくいただけることから薬に勝るともいわれる効用もうなずける。それでも酒の効用の最たるものはといえば、やはり飲んだ人の気持ちを陽気にさせることだろう。

薬理の教科書によれば「酒を飲んだ時に最初に影響を受けるのは中枢神経で物事の善悪を判断するような高次元な精神機能をもった脳の新皮質の働きを抑制し、反対に本能的な情緒や感情を司る低次中枢の古い脳の働きを開放する」と書かれているが、確かに人は酒を飲んでは普段見せない意外な一面（それがその人の真実の姿かもしれない）を見せたりする。ストレスが多い現代社会ゆえに、人は気づかぬうちに新皮質の理性にコントロールされた仮面を、まるで真実の姿のように見せかけて生活しているのかもしれない。時には本当の自分をお互い見せあって、いろんな人と話をしてみたくなるのは、私だけではあるまい。さあ今夜も「百薬の長」で乾杯しにいきませんか。

(27) 医は酉（さけ）に支えられる

前節では〝百薬の長〟である酒と薬の話をしたが、同時に酒と医療も古代より縁浅からぬ関係にある。例えば旧漢字の「醫」がそのことを物語っていて、字のごとく「医」というものは、「酉（さけ）」に支えられて成り立っているというわけである。

また、よく言われる「医食同源」という言葉とも考え合わせれば、要するに「医・食・薬・酒」の四つは、お互いに深い関連があることがわかる。そして古来より、人が少しでも元気で長生きするために、常に求め続けてきた永遠のテーマであるこれらの領域に、人間が深く関わってきたお陰で、高度の文明や文化が築き上げられて、今日に至っているのも事実である。

しかしながら、この中で酒だけは、時に人間に悪さをする一筋縄ではいかない存在であるだけに素顔の人間味に溢れた逸話は、酒に絡んだものが四つの中では一番多いのではないだろうか。文化の懸隔物語、本節でも大好きな酒の話でひもとくことにしよう。

酒飲みに少ない胃潰瘍

例えば、皆さんはシャンパンをよくご存知だろう。結婚式はじめ、どちらかと言えば人生の晴れの舞台で飲まれることが多いこの発泡性ワインは、一七世紀末フランス、シャンパーニュ地方の僧院の酒蔵番が、コルク栓をきつくした瓶をうっかり置き忘れたばっかりに、その翌年に発見されて世に出た代物である。酒蔵番の彼の名前ドン・ペリニョン（通称ドンペリ）は、後世まで世界的ブランドとして名を残すことになる。

適度の炭酸ガスが酒に含まれた結果、えもいえぬ色、香り、味を生み出したこの〝黄金の泡〟の製造方法は、今なお門外不出の僧院秘伝とされている。現在も僧院があったシャンパーニュ地方以外の発泡酒だけを、「シャンパン」と銘打って販売することは国内もとより諸外国でも禁止されている。酒蔵番〝ドンペリおじさん〟は気の良い単なるうっかり者だけだったのかもしれないが、後世に残る発見の裏側とは、このようなものかもしれない。中世の僧院では、酒を造ったり飲んだりすることは、ご法度ではなかった。むしろ当時、流行していた錬金術を応用して、表面上は信者の福祉目的の薬酒造りに、実態は僧侶自らの滋養強壮や享楽のためのワイン造りが、僧院で行われていたようである。

今日、ワインの名品といわれるものの歴史をたどれば、僧院を祖とするものがたくさんある。そういえばイエスが最後の晩餐で、これは、わが血であるとして一二人の弟子たちと杯を交わしたのは赤ワインであったことからしても、教会プロデュースのワインが多いのも、一向に不思議なことではない。

一方、日本の寺院はといえば、これは結構お堅い。特に戒律が一般的に厳しいとされる禅寺などでは、寺門脇の戒壇席に「葷酒山門に入るを許さず」と刻まれて、酒は葷（ネギ・ニラなどの精がつくと言われる臭いが強い野菜）と共に、お寺に持ち込み禁止だったのである。ただ、これが表向きであったことは、酒を「般若湯」と隠語で称して信徒たちから隠れて飲んでいたことからも、容易に想像できる。お坊さんもきっと〝葷酒〟には修行の心を乱されていたのが、真実なのだろう。

ところで、よく酒をたしなむ人に意外と胃潰瘍が少ないそうだが、これは酒が本来持っている〝自律神経系の働きを抑制する作用〟によって、潰瘍の主因であるストレスや不安を上手にお酒で回避しているからだと言われている。思えば私たちサラリーマンが仕事帰りに、居酒屋で会社のストレスを発散しているのも、アルコールのこの主作用を有効利用しているものである。

さて、日本の居酒屋に相当するのはイギリスではパブということになる。広辞苑を引いたらパブのことを〝大衆的居酒屋〟と説明されているが、その成り立ちや中身において日英の両者においては、かなりの違いがあるので、ここで少しご紹介しよう。

パブはそもそも、「パブリック・ハウス」の略で、本来は交通機関が馬車であった時代に、街道沿いや宿場にできた宿屋・レストラン。酒場兼業の施設を意味するものである。したがって宿場町の小さなホテルの一階にパブがあるのは当然のことで、宿場町だからそこには多くの人が集まり、パブが社交場としての機能を果たすようになったのである。このへんの経緯は、パブの名前やその内装などがよく物語っているが、特にパブの看板に描かれている絵を見るだけでも、その店の来歴がしのばれて楽しいものである。

最終章「二〇世紀末のイギリス駐在から得た洞察」

第二章の冒頭で述べたように、ここからは今回本書を出版するにあたり新たに書き加えたものである。

二〇世紀末におけるイギリスの企業に駐在した経験は、私にとって非常に重要な学びの場となった。特に印象深かったのは、企業が売り上げを追求する一方で、社会的責任（CSR）活動とのバランスを巧みに取ることの重要性を深く理解することができた。これは単なる利益追求型の企業経営から一歩進んだ、持続可能なビジネスモデルの一環として位置づけられるべきものであり、一〇〇〇日の駐在経験からそのエッセンスを実体験することができた。その根底に流れていることは、「人間の自然に対する立ち位置」というテーマである。産業革命以来

「技術革新〜都市化〜自然遊離」を繰り返してきた我々人類が、自然と接触することを忘れてはならない。なぜならば、人間は自然の中の一部であり、一番身近な自然はまさに我々自身の身体だからである。

以下の「経営の経済性と公共性の相関図」を参照しながら話は進む。

この図は、企業には経済的側面（利益を追求する側面）と公共的側面（社会貢献の側面）の二つの側面があることをまず認識することから始まる。さらに重要なことは、経済的側面を追求するあまりに、環境保護を含む公共的側面を軽視することが

「経営の経済性と公共性の関係図」

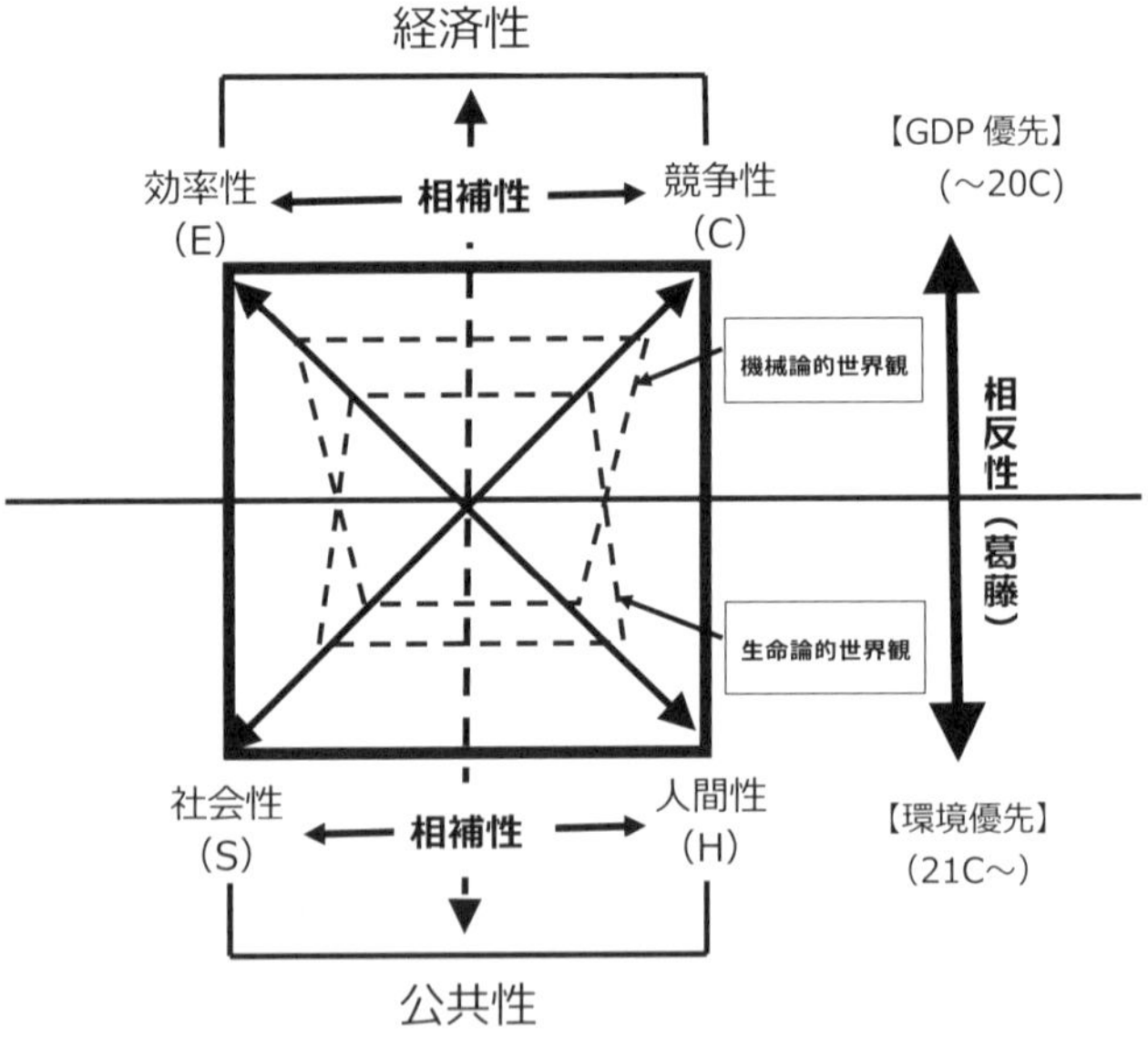

本図は『経営倫理学の実践と課題』(水谷雅一著) を参考にして、今回著者が全般的に編集した。

あっては決してならないということである。

イギリスに本社を置く製薬企業に駐在して学んだことは、企業経営におけるCSR活動の重要性だけでなく、国の経済活動の全般的なあり方についても再考するきっかけとなった。経済成長と環境保護は必ずしも対立するものではなく、むしろ共存させることが可能であり、そのためには戦略的なアプローチが求められるということである。日本では神宮の森の開発問題が話題となったが、企業が利益を上げながらも社会的責任を果たすことができるように、国家もまた、経済成長を追求しながら持続可能な環境を保護するための政策を推進することの重要性を真剣に問うことが必要である。なぜならば、繰り返すが「人間は自然の一部であり、一番身近な自然は自分自身の身体である」からである。

経営の二面性について

さて二一世紀に入り、企業の役割と責任がますます多様化かつ複雑化していることは周知の事実である。グローバル化、デジタル化、そして社会の急速な変化が企業に対して新たな課題を突きつけている中で、企業は経済的側面と公共的側面のバランスを取ることが何よりも求められている。経済的側面では、「効率性と競争性」が問われる一方、公共的側面では「人間性と社会性」が重視される。これらの対立するように見える要素をいかにして調和させるかが、現代企業の成長と持続可能性の鍵となる。つまりこれら企業経営上の「効率性・競争性・人間性・社会性」の四点を結んでできる四角形をできるだけ面積の大きな正方形になるようにすることが二一世紀の企業経営のポイントだといえる。つまり一般的には相反的に作用しやすい「効率性と人間性」および「競争性と社会性」のバランスを取って経営していくことがこれから真に求められるようになるといえる。

一言でいえば、「自利と利他のバランス」の重要性を主張するわけだが、営利企業である限り自利に走りやすい。だからこそ、環境保護に向けた国家財政的支援が求められるのである。

四点で作る企業価値の拡大化

経済的側面において、効率性は企業の利益を最大化し、資源を最適に配分するために不可欠である。競争性は市場での優位性を維持し、技術開発を促進する。しかし、これらだけに焦点を当てると、労働者の待遇や社会的責任が軽視される可能性がある。このことから、企業の内部に不満が生じ、最終的には企業のブランド価値や顧客信頼に悪影響を及ぼすことになりかねない。

一方、公共的側面は、企業が社会の一員としてどのように貢献するかを示すものである。人間性を重視することは、労働者の福祉を向上させ、働きがいのある職場を提供することを意味する。また、社会性を重視することは、環境保護や地域社会への貢献を通じて、企業が持続可能な発展を支えることを意味する。しかし、これらに過度に焦点を当てると、経済的な競争力が低下し、企業の持続可能性が損なわれるリスクがある。

これらの四つの視点を統合し、バランスを取った企業経営を実現することは決して容易ではない。しかし、二一世紀の企業には、このことが求められている。「効率性と人間性、競争性と社会性のバランス」を取ることで、企業は持続可能な成長を実現し、社会的にも経済的にも価値ある存在となることができる。企業経営者は、短期的な利益だけでなく、長期的な視点から企業の役割を再考し、すべてのステークホルダー（企業等の利害と行動に直截・間接的な関係を有するものを指す）に対して責任を持つ経営を行う必要がある。

したがって、掲載図に示すように、効率性・競争性・社会性・人間性の四点を結んでできる四角形の面積を最大化することが、企業経営の本質であることがおわかりいただけるのではないだろうか。そしてこれは企業経営のみならず、個人あるいは国家全体においても、社会との関わりを持って存在している限り当然重要な共通視点であることを申し添えたい。その上で今一度前図をご覧いただきたい。

「企業の効率性と社員の人間性」、および「企業の競争性と社員の社会性」は、一見すると相反するように見えるかもしれないが、実際には相互補完的に働くことが可能なのである。つまり、斜めにクロスする矢印を伸縮性のあるゴムひもで結んだら理解しやすいのではないだろうか。一方を引っ張ればもう一方のベクトルが強まって、より大きな四角形を拡大維持することに作用するのである。

企業が効率性を上げようと思えば、社員の人間性を尊重して高めなければならない。また企業が競争性を発揮して市場シェアの拡大を図るならば、社員／企業の社会性（コンプライアンス）意識を高めなければならないのである。社員／企業が法令違反（企業不祥事）を起こしたら、その社会的存在は一発アウトの事例が実に多い。法令遵守は個人・企業・国家が社会的存在を保つ上で、何にもまして重要であることは言わずもがなのことである。

企業の社会的責任（CSR）とは

このように「企業の存在意義は自社内で終わらない。社会との関係性において初めて成り立つ」と言えよう。企業が社会的責任を果たすことの重要性を自覚して活動することを、ＣＳＲ

（Corporate Social Responsibility）活動という。添付の図では、下半分（社会性と人間性の向上）における活動である。企業がCSR活動や環境保護活動に取り組むことは、社員の誇りやエンゲージメント（従業員の会社に対する信頼性や愛着心）を高め、自分が勤務する会社が、社会全体の持続可能性に貢献していることを強く感じることができる。同時に企業自らのブランド価値を高め、消費者や投資家からの支持を得ることにつながるのである。つまり前節で述べた企業価値を表す四角形を拡大することである。

企業ごとにCSR活動は多岐にわたるが、ここでは私が体験したグローバリズム経営を展開する医薬品製造企業としての活動例として左記の三点をあげることにする。特に最後の「環境保護活動」は持続可能な地球であり続ける上で必要不可欠なCSR活動であり、二一世紀のキーワードである『自然と人間の関わり方』に深く関係している。

・薬剤アクセスプログラム

低所得国や中所得国における薬剤アクセス（薬剤を身近に使えること）を改善するためのプログラムを実施している。これには、特定の薬剤を低価格で提供すること、特許を放棄してジェネリック薬の製造を許可すること、そして現地の医療従事者の教育とトレーニングを支援することなどが含まれる。特に、HIV／AIDS、結核、マラリアなどの重大な公衆衛生問題に対する取り組みが評価されている。

・社会貢献活動

次世代の科学者や医療従事者を育成するための教育プログラムを展開している。これには、奨学金の提供、インターンシッププログラム、現地コミュニティでの医療トレーニングなどが含まれ、特に発展途上国における医療の質の向上を目的としたプログラムが多く展開されている。また地域社会への貢献を重視し、さまざまなボランティア活動や寄付活動を行っている。社員によるボランティア活動の奨励や、地域の健康プロジェクトへの資金提供など、コミュニティの健康と福祉の向上を目指した活動が行われている。

・環境保護活動

CSR活動の一環として環境への負荷を低減するための活動にも力を入れている。温室効果ガスの排出削減、エネルギー効率の向上、廃棄物の削減、水の使用量の削減など、持続可能な運営を目指した取り組みを実施している。二〇三〇年までにカーボンニュートラルを達成することを目標に掲げており、そのための具体的な行動計画を最近策定していると聞く。令和天皇がオクスフォードで学ばれたテーマは「テームズ川の水の研究」であったと最近（二〇二四年六月両陛下のイギリスを正式訪問時）聞いた次第であるが、イギリスが国全体として環境保護活動を歴史的かつ伝統的に重要視して取り組んでいるのは、イギリス国民が「自然と共生するライフスタイル」を貫いていることからもよく理解できることである。

企業が環境保護などを目的とするＣＳＲ活動を怠れば、二一世紀に持続可能な企業ではなくなることは必至である。

二一世紀への二つの提言（まとめ）

（1）企業経営のポイント

企業の効率性と社員の人間性、競争性と社員の社会性は、相反する要素を持ちながらも、適切にバランスを取ることで、相互補完的に作用することができることを強調したい。企業経営者は、短期的な利益追求だけでなく、長期的な視点からこれらの要素を調和させる戦略を採用することが重要である。持続可能な成長を実現するためには、効率性と人間性、競争性と社会性のバランスを取ることが不可欠であり、これが二一世紀の企業経営の鍵となることがわかる。

（2）ＧＤＰ優先の限界（生命論的世界観へのパラダイムシフト）

今一度、掲載した図に多少の説明を加えて二一世紀への提言としたい。

二一世紀の今日、各国はＧＤＰ拡大（企業でいえば経済性の追求）を最大優先して軍事費予算を拡大し続けている。その結果は国際紛争を各地で巻き起こしている状態に陥ってしまった。図で示せば、国・企業・人間が上半分（＝経済性）を優先すれば、破線で示した〝逆台形〟に傾いていくのは必至のことである。

しかし逆台形は、人間を機械に見做した一七世紀の「機械論的世界観」に支配されたＧＤＰを最優先する時代のものであったことを冷静に見直したい。二一世紀に人工知能まで造り出して、物質的な満腹感を満たそうとしている今日に求められるのは、与えられた自らの生命を全うして精神的満足感に満たされて暮らしていくことである。誰もが望んでいるのである。国も一人一人の生命の尊さにもっと目を向けた下半分（＝公共性）を優先して「生命論的世界観」に基づく国策に大転換すべき時期であることを提言したい。そして我々一人一人が、自分自身が住む地球環境を保護することに十二分の配慮を置くべき時代を今こそ迎えている。私は、生命論的世界観へのパラダイムシフトすることを「生命のルネッサンス」と称したい。

地球はすでに温暖化を通り越して沸騰化していることは、我々が身体性を伴う感覚で実体験している。人間が世界に一つのまったき命を紡いで生きる上で、「人間と自然の立ち位置の重要性」がこれから問われることになる。

私は二〇世紀末イギリスに本社を置く国際企業（GWグループ）でのおよそ一〇〇〇日の就業体験と日常生活体験を通して、二一世紀には「自然と人間の立ち位置」を考慮した経営活動の重要性がますます問われることを学ぶことができた。このことは、イギリス人が自然と一緒に暮らすライフスタイルを伝統的に貫いていることや、穏やかな寛容性を抱く英国国教会の成り立ちとも底辺で深くつながっていることに気づくことができる。第四章「自然と人間」で詳述することにする。

第三章　イギリス人の底力

はじめに

本章では歴史と伝統に支えられたイギリス人の底力を知ると同時に、イギリスという国に二一世紀の国際社会で一番期待できるものについて語りたい。それは二一世紀がＡＩの台頭で、予測しがたい混迷の世紀となることが確実だからである。私はそのカギとなるのは、意識に満ちた都市化社会にのめり込むことなく、積極的に「自然との接触」を図ることだと思う。というのも、イギリス人が自然と親密に暮らすことで、身体性を伴う感覚の世界を通して物事を冷静に見極められる底力を持っていることを確信しているからである。

そもそも人類は長い歴史の中で、「ああすればこうなる」という意識的な世界観に基づいて、多くの技術革新や社会制度を生み出し、さらには生活様式までも変えてきた。しかし、ああすればこうなるという世界観の根底にあるものは、生きていくための経済的・物質的欲求（自利）が何よりも大きい。利他的な行動を取る優先順位は極めて低いと言わざるを得ない世の中である。そして行きつく先にあるものは、自利に結びつかないものに対するイジメ、排除、さらには戦争といった不幸が生まれやすい。日常生活における、このような人それぞれの意識同士の衝突が示すように、人類が真の幸福を追求するためには、感覚世界の回復が非常に重要であることに、ようやくというよりも遅まきながらも気づき始めたのが二一世紀の今日である。

本章では、意識世界（都市化）の限界と、感覚世界（自然との接触）の可能性の対比を通じて、二一世紀のイギリスのあり方を問う。その理由は、意識世界の典型である産業革命が始まったのも、「自然と共生する」という感覚世界を身に付けた生き方をしているのもイギリス自らが一番経験してきた国だからである。そこには、イギリスだけが持つ底力があって、諸外国の参考となるのではないだろうか。

つまり、意識と感覚の二つの世界をバランスよく取りこみながら、持続可能性のあるこの美しい地球を二二世紀にバトンタッチしていくのが、我々現生人類ホモサピエンスの務めだと信じているからである。

1　意識世界と感覚世界

1.1　意識世界の成り立ち

まず意識世界とは、人間が理論や論理に基づいて構築した知識体系や行動パターンを指す。科学技術の発展や経済成長、都市化などがこの意識世界の産物で、一八世紀ワットの蒸気機関を駆使した産業革命はイギリスで始まった。意識世界は合理性や効率性を追求して経済活動の活性化を促すと同時に物質的な豊かさをもたらした。その一方で、人間関係や自然環境に対して少なからぬ悪い影響も与えたことも無視できない。

意識世界の負の側面として、いじめや排除、戦争がある。いじめは、他者をコントロールしようとする意識的な行動の一例であり子供の世界のみならず大人社会の中でも容易に起こる。排除は異質な存在を取り除こうとする意識的な判断で、第二次大戦中にナチスドイツによるホロコーストを人類は経験した。戦争は、国家や集団が自己の利益を守るために他者を攻撃する最も極端な形態である。これらはすべて、「ああすればこうなる」という意識的な思考に基づく行動の結果としての人間の意識同士の衝突から始まる。

1．2　感覚世界を取り戻すことの重要性

感覚世界とは、五感を通じて直接体験する世界のことである。自然との触れ合いや身体を使った活動、（SNSなどではなく）直接的な他者との交流などが含まれる。感覚世界は、理屈や論理を超えて、感覚や感情を通じて人間の本質に訴えかけるものである。

大谷選手に世界中の人が憧れるのは、彼が野球の本（座学）で二刀流の技術を獲得したからではなく、彼が自分の身体性を伴う感覚の世界（猛練習）で自分だけの技術を獲得したからである。自分もそうなりたいと思う世界中の子供たちに、お金に換算できない何と大きな夢を与えたことだろう。私自身も残り少ない人生の中で、頭の中でどうこう考えるよりも、自分の五感を駆使して感覚世界を取り戻すことの大切さを彼に教えてもらった次第である。「ああすればこうなるという意識世界」はもう程々にしておきたいものである。

感覚世界の回復は、人間の精神的な健康や幸福にとって極めて重要だ。自然環境の中で過ごす時間や、身体を動かすこと、他者と心から触れ合うことは、ストレスの軽減や心の安定につながる。いじめや排除といった問題の予防には、感覚世界の自然に我が身を擱くことである。そもそも、ああすればこうなるの意識世界に住み慣れた政治家は多いが、「花鳥風月」を愛でる政治家が極めて少ないこと自体に二一世紀の危機感が漂っている。

2　イギリス人にみる意識世界の限界と感覚世界の回復志向

意識世界は、合理性や効率性を重視するあまり、人間性を犠牲にすることが当然多くなる。技術や経済の発展は重要だが、それが人間関係や自然環境を破壊するのであれば、本末転倒である。イギリスは「産業革命〜都市化〜自然遊離」という流れを一八世紀から今日まで幾度も経験した国である。環境問題勃発や人間の精神的不満足感を中心に据えて、都市化の弊害と向き合ってきた国である。

要するに都市化社会の中で、情報過多と絶え間ない競争にさらされ、我々は「自然のリズム」からすっかり切り離されてしまった。二一世紀に入り、ようやく人々はこの状況に疑問を持ち始め、身体性を伴う感覚世界の重要性に気づくようになったのである。自然と共生するイギリス人のライフスタイルは、現代社会において新たな生き方の象徴として注目されて当然だろう。意識世界の限界を認識し、感覚世界の可能性を信じて真剣に取り組んでいる姿をイギリスにみることができる。

2. 1　自然との共生を重んじるイギリス人のライフスタイル

第二章でも紹介したが、イギリスの特に田舎では、自然との共生を大切にするライフスタイルが今も息づいている。都会のロンドンで大成功を収めたシェイクスピアが、故郷のストラトフォードアポンエイボンにいち早く戻って終生自然と共生する喜びを味わったと伝えられている。ガーデニングや家庭菜園、自給自足の生活、地域コミュニティとの強い結びつきなどがその特徴である。これらの生活様式は、自然との調和を保ち、心身の健康を促進する。以下に、その具体的な特徴と利点を挙げよう。

・環境意識の高さ

イギリス人は長い歴史の中で自然保護への高い意識を培ってきた。リサイクルやエコロジカルな商品選び、持続可能な生活への取り組みは、環境問題が深刻化する現代において特に重要である。持続可能な社会を構築するためにも、自然資源を大切に使うことが求められる。

・コミュニティ意識

都市から離れて田園地帯に住むイギリス人は強いコミュニティ意識を持ち、互いに助け合う文化が歴史的に根付いている。地域のイベントや共同作業を通じて人々はつながりを深め、孤立感や不安感を軽減するのである。特に災害時や困難な状況においては、このコミュニティの力が精神的な安定をもたらすことは、地震が多い日本でも復興に向けて重要な手助けとなることを実際に数多く経験してきた。

・自給自足精神

多くのイギリス人はガーデニングや家庭菜園を楽しみ、自分で食材を育てることを実践している。自給自足は食料供給の不安定さに対する強力な対策となり、経済的にも環境的にもメリットがある。食の安全性を確保し、余分な出費を抑えることができる。ちなみにイギリスの食料自給率は六〇％で日本の三倍以上を確保している。

・手仕事の重視

田舎では手仕事や職人技が尊重され、地元の製品や伝統的な技術が大切にされている。これは物を大切にする精神と職人の誇りに通じ、大量生産と消費の時代において品質と持続性を追求する価値観を再認識することができる。

・スローライフ

自然のリズムに合わせた生活が営まれている。四季折々の風景を楽しみ、自然の中での時間を大切にすることは、過剰なストレスやプレッシャーを減らし、心身の健康を促進することにつながる。

・現代社会への示唆

これらのイギリス人のライフスタイルは、現代社会において新たな生き方の指針となり得る。都市化と技術の進歩がもたらした弊害に対抗し、自然との共生を重んじる生活は、持続可能な未来（ＳＤＧｓ）を築くための重要なファクターである。

我々は、自然の中で得られる感覚的な体験を再評価し、身体性を伴う生活の重要性にもっと目を向けるべきだろう。自然との調和を保つことは、精神的な安全保障を確立し、心身の健康を維持するための鍵となる。イギリス人のライフスタイルは、自然と共生することで得られる豊かな感覚世界の象徴であり、人類が目指すべき新たな生き方の一つのモデルとして、未来への道を示していると思う。

2．2　社会全体での取り組み

私は二一世紀を生きる人間の一人として、意識世界（都市化社会）の利便性や効率性に一定の距離を置いて、感覚世界（自然）との距離を積極的に縮めることがこれから大変重要になってくることを確信している。意識世界の成れの果てとしての、イジメ、排除、戦争が増えることはあっても、一向に減る気配がないからである。感覚世界の回復は、個人のみならず社会全体の取り組みでその効果が大きく動き出す。

例えば教育現場において、感覚世界を重視したカリキュラムを組むことだ。自然体験学習や身体活動、芸術教育を通じて、子供たちが感覚世界に触れる機会を増やすことで子供たちは感覚を豊かにし、共感力や創造力を育むことができる。イギリスのＢＢＣ放送やガーディアン紙の記事に「人間と自然の立ち位置」をテーマにした番組や記事が実に多いことに気づく。生物学者が「人間は自然の一部、一番身近な自然は自分の身体」と八〇年ほどのヒトの命の大切さを国民に広く啓蒙していただきたいものである。自利に動く意識世界の究極が、お互いの命を奪い合う戦争である。意識世界の産物のデジタル技術の発達で、子供をゲームの世界ながら容易に戦争に招き入れている。子供こそ感覚世界の自然の中で育てるべき存在ではないだろうか。意識世界だけで育った子供の将来が怖い。

2．3　政治的な取り組み（ウサギ小屋発言）～Ｎ・Ｃ（自然に倣えのメッセージ）

ところで、日本人の住宅を「ウサギ小屋」（rabbit hutch）と揶揄したのは、イギリス一九七〇年台のエドワード・ヒース首相である。彼は当時のＥＣに加盟した首相として有名であるが、彼のウサギ小屋発言の裏には、日本に対する三つの指摘を含んだものとして私は理解している。

第一点は、縷々述べてきた都市化がもたらす自然乖離（感覚世界から遠ざかること）のリスク。第二点は都市集中型経済構造のリスクすなわち地価高騰によるバブル経済の誘因。第三点は環境問題の懸念である。いずれも当時の日本はJapan as No.1途上の経済拡大政策ならば一致団結して怖いもの知らずの世界が蔓延していた。経済拡大の裏には、人間性や社会性の後退リスクが増大しやすいことは、産業革命来現代社会までの各国の歴史が如実に物語っている。

そのような世界の動きの中で、私自身が一〇〇〇日間ほど実際に暮らしてわかったことは、イギリスが「自然との共生」を常に忘れない歴史と伝統を持っていることである。二一世紀の人類のリスクマネジメントの処方箋に欠かせないのは、「自然と共生して生きる」ことだといえそうだ。人間の意識でコントロールしようとてできないのが自然である。自然（ジネン）は「自ずと然り」として、人間が学ぶべきことが詰まった「中立の世界」である。コロナ感染や人工知能ＡＩの登場してきて、予測不能かつ混迷の時代にあって、人類はもう一度真剣に「自然との立ち位置」について、冷静に考え直す時代に差し掛かっているのではないだろうか。そしてそのような問い立てに対して、イギリスが自然と巧みに共生してきた姿が大変参考になるのである。

3　ネガティブ・ケイパビリティについて（現状を受け止めて耐える能力）

さて今から三〇〇年ほど前の一八世紀中ごろに、蒸気機関の発明による産業革命がはじまり今日同様に予測困難な時代にイギリス人は一体どのように対峙したのだろう。基本的には、生産量拡大と同時に都市化が進み、生活様式も変えながら、物質的繁栄に酔っていたことだろう。しかし物質的繁栄の裏で、人間は心のどこかに、ぼんやりとした将来不安をすでに感じ始めていたのではないだろうか。経済発展と裏腹に人間性や社会性のあり方に問いかけ始めていたのではないだろうか。ＡＩの登場に戦々恐々とする二一世紀の我々にとってもイギリスのあり方には大変興味がある。

本著を記しながら、今回私が初めて知った言葉に「ネガティブ・ケイパビリティ」がある。それは一九世紀初頭のイギリスの詩人ジョン・キーツ（一七九五～一八二一）が最初に示した。実はこの言葉の背景にも、イギリス人が豊かな自然と共生しながら、産業革命初動期に生活様式を変えることに戸惑いながらも、穏やかに寛容の精神を発揮していたことがよくわかるのでご紹介したい。

キーツはこのネガティブ・ケイパビリティという概念を説明する際に「不確実性、不安定性、および理性的／意識的な事実の不完全さの中に存在する能力（Capability）」と定義した。つまり「未解決なままの問題や不完全さの中に存在する能力」として答えを急がない姿勢を提唱したのである。現代のＡＩのごとく安易に答えを求めず、目前の状態をまずそのまま受け入れ、その上で耐え忍ぶ（積極的という意味のポジティブの反対のネガティブな）能力である。この考え方は、特に混迷極まりない不確実な二一世紀の現代社会において、非常に示唆に富んでいる考え方だと私には思える。要するに人それぞれが、頭（意識・理性・理屈・ロゴス）で「ああすればこうなる」と考えて動き出さないで、周囲の自然の中に身を置いて考え直したらいかがと言っているのだ。自然は人間の意識で作り上げた都市と違って、人間が意図的にコントロールしようとて不可能な、わからないことだらけでの存在である。いわゆる意識の偏りのない中立の存在で、「自ずと然り」の自然（ジネン）だというのである。二一世紀の人類は、自然に学ぶことをすっかり忘れてしまった。

一方人間の意識が至るところに行きわたった都市化された生活とは、人間関係に基づくストレスに溢れた生活に他ならない。つまり人間の意識同士の衝突を内包している都市化された場所での生活は、人間関係次第で幸せにも不幸にもなるものだ。「今友達とうまく言っているから幸せ」と叫ぶ若者が実に多い。ストレッサーに囲まれた生活では、精神的飢餓感が次第に増してくるのも当然のことで、行きつく先にイジメや排除があると理解すべきではないだろうか。

要するに、ネガティブ・ケイパビリティは、何かをしないで置くことに我慢できる能力のことで、表現を変えれば寛容性を持って不確実性を許容できる能力ともいえる。意識世界に住み慣れた我々人類にとってある意味で一番高度な能力で、真実に近づくために勇気を持って立ち止まることだと一九世紀初頭のイギリス人詩人のキーツは説いたのである。日常的に自然と共に暮らしているイギリス人でないとこのような考えは生まれてこない。普段は都市化された町で効率的に仕事を進めながらも、（自然現象のように）不確かなことに対しては、じっくりと考えられる人間で構成されたイギリスという国は、この混迷かつ予測不可能な二一世紀において国際的に求められる存在だと私は思う。

4　イギリスの三つの底力

さて、ＡＩの登場でますます不確実性の高い混迷の二一世紀を、イギリスは具体的にどのようにして国際社会を乗り切ろうとしているのだろうか。

まず特筆されることは、二〇一六年ブリグジット（ＥＵ離脱）を決めて、元々国内で長年燻っていたＥＵ懐疑論に対して、国民投票によってＥＵ離脱という明確な答えを出したことである。国際社会におけるイギリスとしての独立性をより高める方向に舵を大きく切ったのである。もちろん加盟時から歴史に裏付けられた国際通貨のスターリング・ポンドを手放すことはなかった。二〇二〇年実際に新生イギリスとして動き出すまでに五年の歳月と三名の首相交代を要した。途中コロナ禍の逆風に見舞われたが、厳しいゼロ・コロナ施策をいち早く採った中国に比べて、格段効率的な経済回復をイギリスは成し遂げた。これは、日常から「自然（＝ウイルス）との共生」が身に付いているイギリス国民の賢さが証明されたと言えよう。つまりイギリスは、人間はもちろんウイルスさえも自然の中の一部としてワクチン接種を含む「自然との共生」の道を、確信を持って選択したのである。人間もウイルスも自然の一部であることを、国民が集団免疫を獲得することで立証してコロナ禍を乗り切ることができた。あってはならないこと（コロナ禍）に対して、即ゼロ・コロナと訴えるよりも、あったものは仕方ないこととして受け止めて、自然と一緒に前へ進む。このようなイギリスの姿に私は、前節で紹介したネガティブ・ケイパビリティの本質を感じる。

　イギリスが第一章で述べた英国国教会が持つ「穏やかな寛容性」、前節で述べたキーツの「ネガティブ・ケイパビリティ」、および歴史と伝統に裏付けられた「自然との共生」の三点で確りスクラムを組んだら、必ずや国際社会で大きな力を発揮できることを私は確信している。イギリス人と国家が持つ、資質・能力・自然環境の視点から、もう少し詳しくお話ししよう。

なぜならば、「技術革新・都市化・自然遊離」を繰り返してきて都市化社会に住み慣れた我々人類は、自然から遠ざかることのリスクを予知できなくなっているからである。

4．1 資質（Gentle Tolerance：穏やかな寛容性）

穏やかな寛容とは、多様な意見や価値観を受け入れ、他者との共存を重視する態度を指している。イギリスの歴史を振り返ると、多文化主義や民主主義の伝統が根付いており、これが穏やかな寛容性を発揮する基盤となっていることがわかる。つまり多様性を尊重し、異なるバックグラウンドや考え方を持つ人々と協調する姿勢が二一世紀の今こそ求められている。この資質は、国際社会において対話と理解を促進し、平和的な解決策を導くリーダーシップに直結するものである。具体的には、同国第七九代首相はイギリス初の非白人及びインド系首相であることによく現れている。

4．2 能力（Negative Capability：不確実性の時代に存在し得る能力）

ネガティブ・ケイパビリティとは、不確実性や曖昧さを受け入れ、それに対処する能力を指す。この概念は先述した通り第一産業革命期にイギリスの詩人キーツによって提唱された、クリエイティブな発想や柔軟な思考を意味するものである。不確実性が高まる現代社会において、リーダーシップには状況の変化に柔軟に対応し、確固たる答えがない問題にも耐えきる心の強さが求められる。このケイパビリティ（能力）を持つことで、複雑な問題に対して創造的で革新的な解決策を見出すことが可能となる。なおこのような能力を発揮できる源泉がある。それが次に述べる人知の及ばない自然環境である。キーツが豊かな人間の心を和らげるイギリス詩人であることを思い起こしていただきたい。ネガティブ・ケイパビリティは自然が本来的に持つ力を源泉としている。キーツはその感覚を十分身に付けて、詩を作ることで世界に訴えたのである。

4．3　自然（Nature：意識が及ばない感覚世界との共生）

このような自然とのつながりや自然の理解は、持続可能な発展と環境保護において重要な要素である。イギリスは自然環境の保全に関して、失敗を繰り返しながらも豊かな歴史と実績を維持している。現代においても、気候変動や環境問題への対応は世界的な急務であり、自然との調和を図ることが最重要課題である。意識が及ばない感覚の世界、つまり自然との深いつながりを持つことで、人々は環境の重要性を再認識し、より持続可能な未来を築くためのリーダーシップを発揮することができるのではないだろうか。「ああすれば、こうなる」という人間相互の意識に囲まれた都市化社会をたまには離れて、あるいは自然豊かな地方に移住して、自然だらけの環境の中で過ごすことが求められる時代となった。

総括すれば、イギリス人は「穏やかな寛容性」、「ネガティブケイパビリティ」、「自然と共生するライフスタイル」という三点を総合的な底力として国際社会で活躍してきた。先進国七かの国の中でも特異的な存在のイギリスは、これからの混迷極まる二一世紀にこそ、その存在意義がますます求められ続けるのではないだろうか。そして、イギリスの例は、我々人類が持続可能な未来（ＳＤＧｓ）を築くためのモデルとなり得るだろう。

第四章　自然と人間

はじめに

ここまで述べてきたことを踏まえて、自然と人間のあり方を今一度問い直したい。自然と人間の立ち位置を問い直すことは、二一世紀を生きる我々人類にとっての最重要事項だと私は考えている。多少の重複を避けられないことをはじめにお許し願って第四章「自然と人間」の話をすすめたい。

我々ホモサピエンスは、地球上に現れてから二〇万年余りの歴史を持つが、二一世紀に突入した今日、ホモサピエンスはかつてないほどの危機に直面している。その理由は、動物界全体の中で上から一二番目のホモサピエンス種に過ぎない我々だが、他の生きものにみられない異常に発達した脳を携えて進化しながら生きていることから話は始まる。つまり今世紀人工知能まで作り出した我々人類が、便利で効率的な都市化された世界に慣れ親しむあまり、感覚の世界である自然とのつながりを失いつつあるからである。人類の自然離れの流れは留まるところを知らない中で、イギリス人は、自然と共生することから学んだ知恵を確り身に付けて、この予測困難な混乱の二一世紀を乗り越えようとしている。逆説的に言えば、「自然との共生」を無くして、意識が行き渡った都市化社会に埋もれてしまえば、近い将来に人類は取り返しのつかない不幸に見舞われると言っても過言ではない。人類は自然と共生しながら、技術の〝進歩〟だけからでは得られない、多様性のある〝進化〟を成し遂げて今日に至っているのである。

1 「機械論的世界観」（一七世紀）

歴史を少し遡ろう。一八世紀の産業革命期の萌芽は、その前の一七世紀に「機械論的世界観」として現れる。つまり一七世紀に初めて理性やロゴス（論理・理屈）が詰まる科学分野が花開いたわけだが、これらが次の一八世紀の半ばのイギリス・スコットランドのエンジニアであるJ・ワットの蒸気機関の開発の基礎を築き上げた。爾来大量生産を可能にした産業行革命が本格的に始まり、先述した「都市化と自然離れ」の生活様式の大きな変化とともに、国民は機械に頼る世界観を持つようになったのである。あの一七世紀の大科学者であるガリレイは、

「自然は数学で書かれた書物」と言い放ったのである。

この機械論的世界観とは、自然を数学的にモデル化したり、人間が自然を征服・管理できるとまで考え、構造や機能を重視した世界観を指す。人間までも機械と見做して、経済活動の活性と効率化につながっていった。マルクスが経済の効率化の裏で犠牲となった人間性の復活を問うた「資本論」（一八六七年初版）は、産業革命期における機械論的世界観が世界を支配していた時にロンドンで書かれた。

第二章の最終章で触れたことであるが、経済が効率化する裏には人間性の無視（過剰労働・低賃金など）が、競争化する裏には社会性違反（粉飾決算など）が増える傾向にあることは否めない。企業は正当に利益追求する側面と同時に、公共的存在でもあることを十分に認識して、社会的責任（環境保護活動など）を果たすことが大切である。消費者は、社会的責任をきちんと果たしている会社の製品を買いたくなるものである。この考えは二一世紀の企業経営の根本をなすものである。

2　「生命論的世界観」（二一世紀）

一七世紀の科学者たちの「機械論的世界観」から、およそ四〇〇〇年後の今日世界は、「生命論的世界観」が刮目されるようになった。その理由は「人間は生きもので、自然の一部」と、して、自分の存在を正当に見直すようになったのである。人間は機械ではない生きものだからである。同時に縷々述べた、自然から乖離することによる諸々の副作用を、皆が自己認識するようになったからである。機械論的世界観に端を発して、「技術革新／経済的拡大～都市化～自然乖離」という大きな流れに飲み込まれつつある二一世紀に、我々地球に暮らす人類にとって、この流れがただ事ではないことに遅まきながら気づき始めたのである。確かに技術革新と都市化によって、私たちの生活は便利で快適なものになった。高度に発展したインフラストラクチャー、AIはじめ情報技術の進歩、医療の発展等々によって、我々の生活を劇的に向上させてきたことは事実である。しかし、「技術革新／経済的拡大～都市化～自然乖離」を繰り返す中で、我々は自然との関係をどんどん疎かにしてきた。コンクリートとアスファルトに囲まれた都市空間の中で、すっかり自然の息吹を感じることが少なくなっている。これは、単に物理的な自然との距離の問題ではなく、私たちの感覚そのものが自然から切り離されているという問題でもあることを主張したい。

感覚の世界である自然とのつながりを失うことは、我々の精神的、肉体的な健康に深刻な影響を及ぼす。自然の音、匂い、触感、景色、これらはすべて我々の感覚を刺激し、心と身体を癒してくれるものである。しかし、現代の都市化社会の生活では、これらの感覚的な体験が失われつつある。年中一定の室温や湿度が保たれ都会の生活を繰り返す結果、ストレスや不安、うつ病といった精神的な問題に悩まされることが増えていると聞く。

「生命論的世界観」では、人類の効率的進歩より、多様性を認める進化に注目する。機械の進歩のように、効率性・量的拡大・均一化を特徴とする機械論的世界観を優先することなく、じっくりと「生命論的世界観」を身に付けることである。進歩と進化の区別さえ気づかなくなった二一世紀のホモサピエンスである。このような時代にこそ、一八世紀初頭にキーツが唱えた「ネガティブ・ケイパビリティ」に立ち止まって見ることが今求められている。そこには「穏やかな寛容性」を示す、英国国教会の教えがずしりと響く。

私が生命論的世界観を、命のルネッサンスと称する所以である。

そして一番肝心なことは、イギリス人が持つ底力の源泉が、日常的に「自然との共生」にあることを付言しておきたい。

3　人類の「メタ認識」について

メタ認知とは、メタ（高次の）という言葉が示すように、自己の認知（自覚）のあり方を高次の立場から認知することである。よりわかりやすく言えば、「客観的な、もう一人の自分」を知り直すことである。今日現在進行中の自分の思考や行動を、一度でも客観視して自分を見直してみることも必要ではないだろうか。

私は、数か国ではあるものの先陣を争って、多額の予算を費やす宇宙開発に励む姿勢には一概に賛成しかねるが、一度宇宙から自分が住む地球を眺めてはみたいと思う。なぜならば、すべての宇宙飛行士が、地上に降り立って、「地球の自然に生かされている。あの美しい地球を大切に守っていきたい……」という主旨のコメントを述べているからである。宇宙から眺めずとも、日常的に自然と共生して暮らせば、地球の自然に生かされている自分であることに気づかされることが多い。飛行機で下界を眺めた後に飛行場に降り立った時にも、似たような感覚を抱くことは、私ばかりではあるまい。メタ認知は、いろいろな形で経験することができる。

4 「Awe オウ／自然体験」について

「オウ体験」とは、自然の壮大さや美しさ、はたまた複雑さ等々に触れる体験のことを指す。例えば、壮大な山脈や大自然の景観を目の当たりにしたときに感じる畏敬の念や感嘆の気持ちである。このような体験が自分の存在を小さく感じさせ、自利よりも利他的行動を促す理由は、いくつかの心理的・神経科学的なメカニズムに基づくそうである。その一端を私自身の体験も含めてご紹介しよう。

①ちっぽけな自分を感じる（謙虚さ）

自然の壮大さや複雑な仕組みに直面することで、自分の存在が相対的に小さく感じられることがよくある。自己の縮小感は、日常の問題や自己中心的な考えが一時的にでも後退する。と同時に他者とのつながりや共感を強めたくなる傾向に捕らわれる。要するに個人の自利的行動の小ささ痛感せざるを得ない。自然の壮大さばかりでなく、バラの花の美しさ、ミツバチの賢さ……枚挙に暇がないが、人間には敵わないと思うことが多々ある。そして〝神〟に敵わないと思う先に宗教もあるのだろう。苦しい時の神頼みとも言う。つまり、自分がちっぽけな存在だと感じることが大切なことで、身体を動かさないで、読書ばかりしてビッグヘッドな自惚れ屋さん（＝感覚を忘れて、「ああすればこうなる」という意識だけで生きている人間）は、自然までもコントロールしようとする。都市化された社会に多く見かける困った人たちである。環境問題は、ある意味で人災的側面が大きいと私は考えている。

②視点の広がり

オウ体験は視点の広がりをもたらす。個人の関心が自己中心から広範な世界や社会に移行するため、他者のニーズや社会的な関心事に対する意識が高まるのである。この視点の広がりは、利他的行動を促進する重要な要素となる。自然を知らないで金もうけに走る政治家が何と多いことか、「花鳥風月」を愛でる政治家が待たれる。

③精神的な謙虚さ

先に宇宙飛行士が地上に降り立った時の言葉（自然に生かされている）を紹介したが、オウ体験は精神的な謙虚さを生み出す。自然の偉大さや複雑さに触れることで、自分が宇宙や自然の一部であるという感覚が強まり、謙虚さや他者への思いやりが増してくるのである。この精神的な謙虚さは、自己中心的な行動よりも利他的な行動に通じるのである。登山を愛する人に謙虚な人が多いように思う。ただ何らかの記録達成を目指すよりも、年齢相応に登山を楽しむのがいい。無理な登山で遭難事故を起こしたらまったく意味がない。

④生理学的な反応

オウ体験は生理学的な反応も引き起こすそうだ。例えば、心拍数や血圧の変化、オキシトシンなどのホルモンの分泌が促進されることがあると聞く。これらの生理学的変化によって、ストレスの軽減や親密さの増加に寄与し、他者との協力的な行動を促すことになるのだろう。イギリス人の裏庭ガーデニングではないが、自然の中に終日我が身を置いたら大いに実感するところで、自然に接した夜は、身体的な疲れも手伝ってよく眠れるものである。第一産業に携わる人や田舎暮らしをする人は、少なくとも都市に住む人より長生きするのではないだろうか。

⑤社会的つながりの強化

オウ体験は社会的つながりを強化する。自然の偉大さや複雑さ共有することで、共通の経験を通じた絆が強まり、集団の一員としての感覚が増す。この感覚は、他者への利他的な行動を支える基盤となることは確実である。震災に遭って助けてもらった経験をした人は、形はいろいろあるだろうが、他所の震災地に無関心でいられない。地震多発の日本人は国内外の震災者と社会的なつながりを感じている。

以上の理由から、オウ体験は自己の存在を小さく感じさせ、自利よりも利他的行動を取りたくなる心理的・生理的な変化をもたらすことがわかる。このような体験を通じて、人々は自己中心的な視点から離れ、より広範な視点で他者や自然とのつながりを感じることができるのである。

そして強調してもしきれないことは、イギリス人は「自然との共生」を伝統的に日々の暮らしの中で確りと保ち続けている。裏庭の花壇もない都会の「ウサギ小屋」に住み慣れた私からすれば羨ましい限りである。

大自然に向かい合っていれば、自ずと「自然の恵みに感謝の気持ちと同時に畏敬の念」が湧いてくるものだ。神の存在に気づかされるのもそのような時である。

翻って、自然から遠ざかって人間の「ああすればこうなる」の意識世界に住み慣れると、人間関係のトラブルから始まって、心身ともに疲れ果ててしまう毎日を、過ごすことになる。

5　自然と人間

自然とのつながりを失うことの最大の問題は、我々ホモサピエンスが本来持っていた「自然との共生」の感覚を忘れてしまうことである。我々人類は元々自然の一部であり、自然と共に生きることが、二〇万年来本来の姿なのである。しかし、現代の生活様式は、私たちを自然から切り離し、自然との共生を忘れさせている。そのような中でイギリスが一番日常的に自然に触れて、自然との共生を実現していると強く思う。

ああすればこうなるという意識が至るところに行き渡った都市化の進展に伴い、私たちは感覚世界の自然を破壊し、気候変動や生物多様性の喪失といった問題を引き起こしているのである。今夏も実に暑かった。地球の温暖化を通り越して沸騰化だとUN（国連）も言っている。世界に類を見ない、四季折々の変化が美しい温帯地域の日本の自然は、亜熱帯地域化することで、なくなってしまうのではないだろうか。これらの問題は、私たちの未来を危うくする重大なリスクである。リスクとは現在の危機と違って、その危機が将来いろいろな分野で危機と化すからリスクと呼ぶのである。人類は、危機管理に対してはモノ作りがお得意でその場限りの対応を施すが、将来に向けた「リスク管理」がなかなかできてない。我々は今こそ自然とのつながりを取り戻すことが、将来に向けて何よりも大切である。UNが提唱する持続可能な開発目標（SDGs）の進捗も遅々として進まず、特に環境の持続可能性は、遅々として捗らない。資源を求めて各国が鎬を削る宇宙開発よりも優先順位としてはもっと上位に置かれてしかるべきだと私は思う。本当にこの地球を次世代にバトンタッチできるのであろうかと頭を抱える。今こそ目標設定で終わることなく、具体的に行動に移すべきである。これは都市化した経済先進国（南北問題）にとって最重要の義務だと言える。

我々が自然とのつながりを取り戻すためには、まず自分たちの感覚を研ぎ澄まし、自然を感じる力を取り戻す必要がある。自然の中で過ごす時間を増やし、自然の美しさや力強さそして不思議さを自身の五感で感じることが重要である。これは、単にリラクゼーションのためではなく、私たちが本来持っている感覚を再発見し、それを日常生活に生かすための第一歩でもある。この地球上にまだまだ自然はたくさん残されている。この美しい地球環境を人類が使い捨てにしてはならない。

私たちホモサピエンスが忘れてしまった感覚の世界を今こそ取り戻さなければならない。現代社会において人間が自然とのつながりを失い、自然との共生を忘れてしまったことが大きな問題であることを改めて強調したい。我々人類は本来、自然と共に生きてきたが、都市化や経済優先の生活様式がそれを阻害し、気候変動や生物多様性の喪失などのリスクを引き起こしている。これに対処するためには、一人一人が感覚を研ぎ澄ませて自然を感じる力を取り戻し、具体的な行動を起こすことが大切である。そしてイギリスは「自然との共生」を実現している典型的な国であり、「機械論的世界観」による技術革新だけでなく、パラダイムシフト的に「生命論的世界観」への転換が今求められていることを強調したい。

6 「一番身近な自然は自分の身体」（提言）

我々人間は、意識によって自分の身体を完全にコントロールすることができない。例えば、心臓の鼓動や消化の過程、細胞の修復など、多くの生命活動は無意識のうちに行われている。これらの生命活動は、私たちが意識的に制御できるものではなく、自然の摂理に従って自動的に行われている。この事実から、「一番身近な自然は自分の身体である」という考えを最後に提唱したい。

この視点を持つことで、私たちは自分自身が自然の一部であることも改めて再認識することができる。先に述べた「生命論的世界観」の枠に実におさまりがよい。元々身体の機能やリズムは自然界の一部として存在しており、私たちが意識的にコントロールできない多くのプロセスが自然の力によって維持されているのである。私たちの身体は、自然の法則に従って調和の取れた形で機能している。

しかし、意識が行き渡った都市化社会に住む我々の中には、自分自身や自然を完全に支配しようとする考え方が今なお存在している。独裁者がそうであるように、自己中心的で自惚れが強い人々は、自分の意志で「人間も含む自然」を自分の管理下に置こうとするのである。彼らは技術や科学の力を用いて自然を制御し、自分の思い通りにしようとして戦争を簡単に起こす。独裁者に限らず、意識の自惚れが強い人間は、遺伝子操作や気候調整など、自然の摂理を人為的に変えようとする試みがその一例である。

このような考え方は、一見すると人類の進歩を象徴しているように見えるが、実際には自然との調和を乱し、予期せぬ結果を引き起こすことになる。自然を支配しようとすることは、長期的には環境破壊や生態系の崩壊を招く危険性につながる。我々が自然の一部であることを忘れ、自然をただの資源や道具として扱うことは、持続可能な未来を築く上で大きな障害となることは必至である。

そして、「一番身近な自然は自分の身体である」という視点を持つことは、自然との共生を目指す上で非常に重要である。つまり自然と一体になって共生することから「一番身近な自然は自分の身体である」という考え方が産まれてくる。

英語の「エンジョイ」は、まさに自分と相手とが一体となって楽しむときに使う言葉である。対象と一体となっての私たちが自然の一部として存在し、自然と共に生きることの大切さを再認識させてくれる。私たちの身体が自然の摂理に従って機能しているように、私たちも自然の一部として調和の取れた生活を送ることを、切に望む。

イギリス人のライフスタイルは、「一番身近な自然は自分の身体」という視点が凝縮されている。イギリス人は日常生活の中で自然と共生することを大切にし、自然との触れ合いをまさにエンジョイしているのである。週末には田園地帯を散策し、家庭菜園で野菜を育てることがごく一般的である。こうした生活習慣は、人間が自然の、そして自然が人間の一部であるという意識が自然と身に付いている。穏やかな寛容性に満ちた英国紳士は自然に育てられると言っても過言ではあるまい。

結論として、「一番身近な自然は自分の身体である」という考え方を別言すれば、人間の身体は自然の一部として自然の法則に従って機能しているということである。人間が身体の多くの生命活動を意識的に制御できないように、自然も同じく私たちが完全に支配できるものではない。

例えば、自然を支配しようとする試み（遺伝子操作や気候調整など）は、短期的には進歩のように見えても、長期的には環境破壊を引き起こす危険性があり、持続可能な未来に対する大きな障害となることを指摘しておきたい。

イギリスの自然と共生するライフスタイルは、まさに自然と調和して生活することの実践であり、自分の身体を自然と一体化させることで持続可能な未来を築くことにつながることを強調したい。

自分の身体にそっと手を添えれば、一番身近な自然がそこにある。この時こそが、今生きているると実感できる人生至福の時間である。

あとがき

一八世紀のイギリスで具体的に始まった産業革命以来、世界は「技術革新・都市化・自然離れ」のパターンを幾度も繰り返してきた。そしておよそ三〇〇年後の二一世紀の今日はといえば、人間自らが作った人工知能（ＡＩ）が出現し、今までにない極めて予測困難な時代を迎えようとしている。このような人間と自然との距離が広がっていく自然離れの時代に内包する不安感や危機感がますます強まるばかりである。

このような時代を乗り越えていく上で目には見えない底力になるのが、英国国教会に潜在する「穏やかな寛容性」、自然を謳う英国詩人のＪ・キーツが提唱した「ネガティブ・ケイパビリティ」、そして伝統的に英国民が守ってきた「自然と共生するライフスタイル」の三点であることをここまで縷々述べてきた。

英国に伝統的に培われてきたこれら三点は、地球環境保護活動の持続可能性を支える重要な要素である。人間の意識が隅々まで行き渡った効率的かつ利便性の高い都市生活では、自然と接触する機会がどんどんなくなり、いわゆる「意識社会の浸潤」が進んで、感覚世界の自然が遠のいている。

都市生活における自然との接触の減少は、環境意識の低下、精神的健康への悪影響、次世代の教育、そして自然災害への対応力の低下といった、将来にわたる可視化しがたいリスクをもたらしている。効率的かつ利便性に満ちた都市生活の中でこそ、自然との接触を意識的に増やすことが、持続可能な社会を築く上で最重要の課題であることに気づく。

私は本著を通して、自然とは単なる風景や資源にとどまらず、「人間の身体も自然の一部」であることを強調した。それは一番身近な自然としての自分の身体を大切にすると同時に、五感を通じて広がる自然環境とのつながりをあらためて認識することが、持続可能なこの地球を守るためのまさに第一歩であることを確信することができた。

最後に、イギリス駐在後三〇年ほど経った七〇歳代になって、神と自然と人間に深いつながりがあることを、私の故郷の長崎でも実体験することができたことをご紹介してまとめとしたい。

私の心の故郷はやはり高校生まで暮らした長崎の自然にある。たまにではあるが、故郷長崎の海に山に触れては英気を養って元気に暮らしている。そんな私がすべてを退職した七〇歳のある時、五島列島の静かな入り江に面した高台に建つ「桐教会」という小さな教会を車で尋ねたことがあった。その時先に述べた三〇年ほど前のイギリスでの体験が心から離れなかったからだろう、教会の庭から終日穏やかな海を眺めていても飽き足らず、東シナ海に沈む夕陽を観たくなり当初の予定を変更して教会近くの民宿に泊まったことがあった。そこは敬虔なカトリック信者の老夫婦が営む民宿で、宿の主人が昼間に釣ったというイサキの塩焼きを食べながら、自然と宗教とそこに暮らす人々との関わりを改めて深く感じることができた。そしてその夜は、我が身が神の子であることを感じて心から救われる気持ちになったのである。私の人生のなかでも至上のありがたい眠りにつくことができた。

そもそも宗教の根底には、魂の霊性（スピリチュアリティ）がある。それは簡潔にいえば、人間は神性を宿す生命だということだろう。この偉大さや尊さに気づかせてくれるのも、「自然という教師」が担う大きな役割だと思う。これは何かの宗教に入信しているかどうかには関係ないことだ。人間は自然の子だけでなく、神の子でもあることに気づいた時に本当に救われるような気がしたのである。気づけば神の子、仏教的にいえば、「悟れば仏、悟らねば凡夫」

ということだろうか。

自然は、神が現存することとそのハタラキ（神の人間に対する神秘的で超越的な働きかけ）をまさに現していることを、若い頃駐在したイギリスでも、七〇歳を越して訪ねた故郷の長崎でも感じたのである。

残り少ないこれからの人生である。「ああすればこうなる」という人間同士の〝意識〟が衝突する都会から時には離れて、意識の力で変えられようもない大自然の中に我が身を置く時間を少しでも多く持ちたいと願うばかりである。神と自然と我が身が一体となれる時間こそ一番貴重なものに思えてくる。

さてこのあたりで筆をおくことにする。

本編を執筆し出版までこぎつけられたのは、多くの方々の支えがあったからこそである。駐英の機会をいただいた製薬会社はじめ、在英中の同僚たち、そして上智大学名誉教授の越前喜六神父、教友社の阿部川直樹社長、中学校の同窓会メンバー、そして家族等々、本当に数えきれない。

心より感謝を申し上げたい。

誠にありがとうございました。

二〇二四年一〇月吉日

武立　廣

武立　廣（たけだち・ひろし）

1948 年長崎市生まれ。外資系製薬会社を定年退職後、上智大学で越前喜六名誉教授の聖書読書会ほかで学び、同大学の「現代結婚講座」の講師を務めている。その傍らで、ブログ「ソフィアの昼休み」（http://sophialunch.me）を主宰して、自然と人間の関わり方や日常生活における雑感、国内外旅行記等々、数多く綴っている。愛猫“ネネ”（10 歳）と同棲中。

英国国教会とイギリス社会

発行日………2024 年 10 月 15 日　初版

著　者………武立　廣
発行者………阿部川直樹
発行所………有限会社 教友社
275-0017 千葉県習志野市藤崎 6－15－14
TEL047 (403) 4818　FAX047 (403) 4819
URL http://www.kyoyusha.com
印刷所………モリモト印刷株式会社

ISBN978-4-911258-07-1　C3016